WESTEND

INHALT

Für Magdalena

»Aus einigem Abstand wäre Dialektik als die zum Selbstbewusst-sein erhobene Anstrengung zu charakterisieren, sie sich durch-dringen zu lassen.«
Theodor W. Adorno in »Negative Dialektik« (1962)

»Es fällt schwer die Einsamkeit zu akzeptieren. Gelingt das ei-nem, dann wird er überreich belohnt. Und ich glaube, ein Dich-ter kann nur glaubwürdig schreiben, wenn er in seinem Leben zu bitteren Erfahrungen, zur Einsamkeit, ja sogar zur Nieder-lage das Ja zu sagen wagt.«
Czesław Miłosz in »Vom Aufgang der Sonne bis zu ihrem Niedergang« (1974)

VORWORT

»Die wirkliche Genesis ist nicht am Anfang,
sondern am Ende, und sie beginnt
erst anzufangen, wenn Gesellschaft
und Dasein radikal werden,
das heißt sich an der Wurzel fassen.«

Ernst Bloch in »Das Prinzip Hoffnung« (1954)

E in Buch mit dem so einfach anmutenden Titel *Links* zu
schreiben, hat selbst nicht wenig von einem utopischen
Vorhaben. Der Begriff ›links‹ gehört schließlich nicht nur zu
den am stärksten umkämpften, sondern vor allem zu den un-
schärfsten Begriffen unserer Gegenwart. ›Links‹, das kann
heute gleich alles oder auch nichts bedeuten. Die einen kapri-
zieren den Begriff auf eine parteipolitische Linie und verbinden ›links‹ mit der Partei *Die Linke*, jener Partei, die bei der
letzten Bundestagswahl knapp an der Fünf-Prozent-Hürde
gescheitert ist und nicht erst seitdem auf der Suche nach ihrer Identität ist. Diese Suche ist dabei durchaus repräsentativ
für die Unschärfe des Begriffs ›links‹ insgesamt. Für andere
meint ›links‹ nämlich viel mehr, und zwar eine grundlegende

Lebensform, die sich auf Kernthemen besinnt, die historisch gemeinhin als ›links‹ gelten: den Kampf für die Nichtprivilegierten, die Unterdrückten und gegen den Kapitalismus als System, das Unterschiede und Wettkampf geradezu heraufbeschwört und letztlich nur ein Ziel verfolgt – möglichst viel Kapital anzuhäufen. Dass nicht wenige dieser Kernthemen als populistische Parolen von der internationalen Rechten gekapert werden konnten, ist nur ein weiterer Beleg für die Krise des Begriffs ›links‹.

Ganz im Gegensatz zu diesem Wunsch nach historischer Rückbesinnung versteht eine Gegenbewegung »links« gerade als einen mit neuen Identifikationsmöglichkeiten zu füllenden Begriff, etwa mit der sogenannten ›Wokeness‹, die den Kampf für je einzelne, benachteiligte Gruppen meint, dabei aber, so eine gewichtige Kritik, das gesellschaftliche Allgemeine, ja, die soziale Frage aus dem Blick zu verlieren droht. ›Links‹ scheint aber nicht selten auch das Synonym zu sein für die Haltung einer Haltungslosigkeit, einem bloß noch privilegierten, pseudo-linken Öko-Lifestyle: ›Links‹, das kann heute auch bedeuten, im Elektro-SUV zum Biobäcker zu fahren, um einen Dinkelbrocken für 10 Euro zu kaufen. Ein Konsens-Kommunismus, bei dem sich moralischer Gemeinsinn oft darauf beschränkt, die Weltanschauung der eigenen Blase zu spiegeln. In einer Gegenwart, in der auf Kinderarbeit setzende Billigmodeketten Che-Guevara-Shirts verkaufen, ist eine Antwort auf die Frage danach, was ›links‹ eigentlich bedeutet, bedeutet hat und vor allem bedeuten kann, wichtiger denn je.

In diesem Sinne scheint es mir absolut drängend, die Bedeutung von ›links‹ neu zu denken, zu definieren, zu positionieren. Denn ›links‹, das meint weder bloße Parteizugehörigkeit noch einzig den Lifestyle der Bionaden-Bourgeoisie. Ich möchte auf den folgenden Seiten versuchen, die Frage danach, was »links« eigentlich bedeuten kann, noch einmal grundlegend zu stellen, ich möchte sie, im Sinne Blochs, »an der Wurzel fassen«. Gegen die vorschnelle begriffliche Einengung auf eine bestimmte Bedeutungsdimension einerseits und der begrifflichen Entleerung aufgrund einer Vielzahl unscharfer Bedeutungsansprüche andererseits muss eine Definition von ›links‹ vielmehr einer definitorischen Offenheit ins Auge sehen, die gleichwohl nicht die Geschichte ihres Begriffs verleugnet. Wenn die linken Kräfte unserer Gesellschaft wieder zu einer wirklichen Kraft finden wollen, die Ideelles und Reales miteinander vereint, dann muss sie ihre Wurzeln wiederfinden. Sie muss die Utopie wiederentdecken – und zwar nicht als einen nie zu erreichenden Wunschtraum, sondern im Sinne eines dialektischen Kampfes um eine neue, eine gerechtere Welt. Die Utopie denken, das heißt, mit den eingangs zitierten Worten Blochs, einen neuen Anfang von einem imaginierten Ende her zu denken.

Ich selbst kenne den Realsozialismus aus der Volksrepublik Polen und dem Kalten Krieg. Obwohl ich nur knapp 17 Jahre meines Lebens in diesem politischen System gelebt habe, konnte ich seine Schokoladen- wie seine krankhaften Schattenseiten ausgiebig kennenlernen und studieren. Polen ist natürlich ein spezifisches Land, der Sozialismus beziehungsweise Kommunismus konnte in meiner Heimat nach der Abrechnung mit dem Stalinismus nie so erfolgreich gedeihen wie in der DDR. In Polen hatte ich vielmehr den Eindruck, ich würde in einem Staat mit zwei Staatsreligionen oder -ideologien leben: der marxistischen Doktrin auf der einen Seite und der katholischen auf der anderen.

Wir lebten in der Volksrepublik Polen in einer Diktatur, und obwohl die Linken den Nationalismus verabscheuen, waren der Nationalismus und der rechtskonservative

Patriotismus – das Leben und Aufopfern für das Vaterland – wesentliche Parolen dieses sozialistischen Staates, der eigentlich von Rechten innerhalb einer linken Arbeiterpartei regiert wurde. Das zeigt schon, dass die Definition der Linken nicht nur heute keine einfache Sache ist, sondern, bei genauerem Hinsehen, schon damals war. Ja, überhaupt ist es schwer, holistisch zu erklären, was ›Links-sein‹ eigentlich bedeutet: Schließlich geht es nicht zuletzt um Mythos und Ideologie zugleich. Wer sich auf den Marxismus einlässt, muss wissen, so schreibt auch Leszek Kołakowski 1976[1], dass er sich auf eine moderne Mythologie einlässt. Er sagt dazu: »Die Entwicklung des Marxismus aber hat die Wissenschaft in eine Mythologie und in eine weiche Materie verwandelt, aus der das Rückgrat der Vernunft entfernt worden ist.«

So habe auch ich als Jugendlicher den Realsozialismus erlebt: Er glich einem Glauben. Czesław Miłosz[2] spricht in diesem Zusammenhang sogar vom »Hegelianischen Bienenstich«, da sich die Weltgeschichte um jeden Preis positiv – bis zur Auflösung jedweder Form von Regierung und zur proletarischen Diktatur – erfüllen müsse, und zwar in einem vollkommenen Frieden für alle Menschen und nicht nur für die sozialistischen Staatsbürger. Die Situation war also höchst widersprüchlich. Zwar war das Glaubenskonzept des Sozialismus utopisch, doch zugleich erlebten wir in Polen täglich die Diktatur der Regierenden, der neuen Eliten, der ›Parteibonzen‹, die doch eigentlich abgeschafft werden sollten. Dieses Verständnis von Utopie, die begrifflich etwas permanent vorstellt, ohne es auch nur im Ansatz einzulösen, ist gerade nicht meines. Die Utopie, wie ich sie denke, ist eine dialektische, die von der Gleichzeitigkeit des Visionierens eines absolut Neuen wie des realistischen Betrachtens der realen Situation und der Reflexion über beides lebt.

Der alltägliche Marxismus, der aus vielen Widersprüchen bestand, knüpfte in seiner Ideologie an ältere christliche Ideen an: an den Gottesstaat Augustinus' oder den autoritären Staat Thomas von Aquins, in dem der Papst über dem König steht und Gott über den irdischen Angelegenheiten des Menschen. Der Marxismus, wie er in den Ländern des Realsozialismus täglich praktiziert wurde, hatte also erstaunlicherweise mit den Ideen der Aufklärung wenig zu tun, wenn er sich auch tolerant sowie bürger- und menschennah gab. Die Verfassungen waren modern und fortschrittlich, doch die sozialistischen, autoritär regierten Staaten erzeugten einen hässlichen Sumpf, in dem Rassenhass, Nationalismus, Kriegsgelüste und Korruption dominierten; selbstverständlich war da auch Platz für Antisemitismus. Die Linken hatten im Ostblock ihre ursprüngliche Idee des Widerstandes vollkommen aufgegeben. Die Arbeiterklasse durfte nicht mitregieren, sie musste sich mit hohen Lebensmittelpreisen herumschlagen, verfiel dem Alkoholismus und wählte nicht selten den Weg der Emigration und Flucht in den Westen.

Im Namen der geschichtlichen Notwendigkeit und des Fortschritts haben die sozialistisch-kommunistischen Regierungen Verbrechen gegen die Menschlichkeit und ihre eigenen Völker begangen. Vielleicht ist das eine Erklärung dafür, dass die Idee der Utopie, die meines Erachtens der Motor linken Denkens und Handelns ist, gänzlich aus den Augen verloren wurde. Sicher jedoch sind diese Entwicklungen ein Ergebnis der Vorstellung, eine bloße Verneinung des Vorherigen sei selbst schon eine neue Idee; bei Kołakowski heißt es in diesem Sinne: »Der Nationalsozialismus war eine Negierung der Weimarer Republik und deshalb doch nicht links.« Die Linke braucht folglich ein konkretes Denken der Utopie, ein utopisches Denken, dem notwendig Handlung folgen müssste.

Links heißt in diesem Sinne nicht Moralisieren oder Träumen, es heißt, das Neue denken und so in die Welt bringen.

I mmer schon hat es mich gestört und wütend gemacht, dass die Kommunisten im Ostblock auf einem hohen Ross saßen, moralische Predigten hielten, aber zum Schluss für ihre Kritiker, die Dissidenten, stets nur eine Antwort hatten: Repressalien. Das Scheitern der marxistischen Linken in Polen und anderen Ostblockländern besteht ja darin, dass sie für die Wirklichkeit und damit auch für das Elend der desolaten Wirtschaft keine praktische Antwort gefunden haben. Der sozialistische Staat war korrupt und ökonomisch wie ideologisch ausgebrannt. Und die Linken, die regierten, waren in Wahrheit rechte nationalistische und konservative Ideologen, die ihre Privilegien genossen – unter dem Deckmantel der sozialistischen Erfolgspropaganda.

Als ich 1985 die Volksrepublik verließ, hatte ich in Polen bereits Gedichte publiziert und hielt mich selbstverständlich für einen Antikommunisten: Ich hasste die Sowjetunion, war aber als Liebhaber der russischen Kulturgeschichte russophil. Dostojewski und Brodsky lieferten mir viele Beweise dafür – aber auch die russischen Religionsphilosophen und Existenzialisten wie Nikolai Berdjajew, Leo Schestow oder Wladimir Solowjow –, dass Russland niemals auf den Leninismus oder den Stalinismus reduziert werden darf.

D och mit dem Beginn des Studiums der Kulturgeschichte Osteuropas und der Germanistik an der Universität Bremen sowie mit dem Beginn des Schreibens und Publizierens auf Deutsch im Jahre 1989 eröffneten sich mir neue Möglichkeiten für die Auseinandersetzung mit der westlichen Linken. Mein jugendlicher Antikommunismus wurde rasch begraben, und ich begriff, dass für mich die westliche

Linke zwar attraktiver war als die Linke aus dem ehemaligen Ostblock, es aber auch hier einiges gab, das mit meiner Vision nicht zusammenging.

Natürlich fiel mir damals als Erstes auf, was viele Emigranten aus Osteuropa genauso wie ich empfunden hatten: die manchmal ungeheure Naivität der Linken aus der 68er-Studentenbewegung – sie hatten zwar für die moderne westliche Gesellschaft viele positive Veränderungen bewirkt, doch sie ›kochten in der eigenen Soße‹, wie man im Polnischen sagt, was heißt, dass sie in ihrer Idiosynkrasie und ihrem Elitarismus auf mich behäbig und arrogant wirkten. Viele dieser Linken verklärten die DDR oder die Sowjetunion, obwohl ihnen die dort begangenen Verbrechen längst bekannt waren – immerhin waren wir schon in den Achtzigerjahren angekommen.

Die manichäische Teilung dieser Tage trug dabei zwar uralte Charakterzüge wie in der Antinomie ›Proletariat versus Bourgeoisie‹, aber das war auch alles: Der Böse war weiterhin der Staat, der sich mit dem Kapital zu verbrüdern schien, wobei die westlichen Linken nicht begriffen, dass sie Sozialleistungen genießen konnten, von denen man im Sozialismus nur hatte träumen können. Und wie Yves Montand, der sich als Linker und Kommunist bezeichnete, sagte, dass er lieber in einem teuren Sportwagen als in einem Panzer sitze, so dachten (und denken bis heute) viele Linke. Die SPD-Wähler und Arbeiter galten jedenfalls oft als Spießer, die ›Arbeiterklasse‹ war für die intellektuellen Linken uninteressant geworden, zumal sich die SPD mehr und mehr von ihren Wurzeln abwandte: Die radikalen Linken wirkten auf mich besonders lächerlich, da sie mich entweder als einen rechtskonservativen Junker aus Ostpreußen oder als katholischen, romantischen Lech-Wałęsa- und *Solidarność*-Anhänger betrachteten – mein Gott!, dachte ich immer wieder, sie romantisieren etwas, das sie nicht einmal verstehen.

Aber letztendlich hatten sie alle, egal ob radikal oder liberal, eine Gemeinsamkeit: Sie sahen nicht unbedingt frohen Mutes in die Zukunft, die Welt erschien ihnen in einem erbärmlichen Zustand. Der Mensch, so der einende Befund, hatte den falschen Weg gewählt: den Weg eines Parasiten. Es ist kein Wunder, dass im Jahr 1980 die Partei der Grünen gegründet wurde und dass ökologische Fragen von Jahr zu Jahr mehr und mehr zu einem globalen Thema und ihrer Hauptsorge wurde.

Einen gewissen Kulturpessimismus vermittelt auch die Dichtung von Miłosz, hat er doch mit eigenen Augen gesehen, wozu die Nationalsozialisten während des Zweiten Weltkriegs und die Stalinisten nach 1945 fähig waren. Aber sowohl Miłosz als auch sein bester Schüler Zbigniew Herbert halfen mir, an die Utopie zu glauben, daran, dass wir als menschliche Zivilisation in der Zukunft Lösungen für unsere Probleme finden würden. Nicht nur technologische für unsere Umweltprobleme, sondern auch für die Fragen unseres sozialen wie metaphysischen und transzendenten Daseins. Jedenfalls war ich schon als Fünfzehnjähriger davon überzeugt, dass unsere materialistisch ausgerichtete Zivilisation keine große Zukunft vor sich hatte und früher oder später ein klägliches Ende finden müsste. Kurz gesagt: Ich sah im Kulturpessimismus eine positive Chance, ich dachte also dialektisch. Der Zusammenhang von Dialektik und Utopie ist auf den ersten Blick nicht selbstverständlich, fast scheinen beide Begriffe sich auszuschließen. Warum ich glaube, dass gerade ein Zusammendenken dieser beiden Ideen der Grundstein für eine neue Linke ist, werde ich in diesem Essay zu zeigen versuchen.

Gegenüber Utopien war die Linke seltsamerweise immer schon skeptisch, wie etwa der Vorzeigelinke und marxistische

Intellektuelle Antonio Gramsci, der in einem Artikel von 1918[3] schreibt:»Die Utopie besteht gerade darin, die Geschichte nicht als eine freie Entwicklung zu konzipieren, die Zukunft als etwas Feststehendes, bereits Vorgezeichnetes zu sehen, an vorbestimmte Pläne zu glauben.«

Gramsci schrieb auch über russische Maximalisten, die während der Februarrevolution 1917 den totalen, den »ganzen« Sozialismus anstrebten, und da war kein Platz für Utopien, da musste immerhin sofort gehandelt werden – das Radikale birgt jedoch immer die Gefahr, dass man, die schnellen Erfolge einer Revolution feiernd, an seinen eigenen, sehr hochgeschraubten Ansprüchen scheitert, was ja letztendlich den Maximalisten passiert ist.

Es hatte zumindest lange gedauert, bis ich begriff, dass die westeuropäische Linke, die wiederum bestimmte Ansprüche stellte und hatte, tatsächlich nicht imstande war, die Sorgen eines osteuropäischen und regierungskritischen Intellektuellen zu begreifen. Sie hielten ihn schlicht für einen Verräter an der sozialistischen und damit fortschrittlichen Sache und Idee. So ist übrigens auch zu erklären, dass Jean-Paul Sartre, Simone de Beauvoir und Pablo Neruda Czesław Miłosz ablehnten. Nein, ich kam mir nach meiner Ankunft in Westdeutschland Mitte der Achtzigerjahre wirklich oft wie ein Rechtskonservativer und gar Nationalist vor. Dabei war ich bloß aus einem Land angereist, das unter der Nazibesatzung in ganz Europa die größten Opfer gebracht hatte – vergleichbar eigentlich nur mit Russland und der Ukraine –, sodass meine Geschichtsperspektive ganz anders war als die der Deutschen. Und trotzdem kam ich aus einem gescheiterten, ›gefallenen‹ politischen System, kurz gesagt: als Verlierer.

Ältere Linke, die noch eine lebhafte Erinnerung an den Zweiten Weltkrieg und sein Ende hatten, wussten darüber Bescheid, dass es in Warschau während der Nazibesatzung zwei Aufstände gegeben und dass in Polen neben dem Holocaust eine zweite Vernichtung stattgefunden hatte: die an 3,2 Millionen polnischen Juden und die an 2,8 Millionen polnischen Christen; vom kulturellen Verlust, von endgültiger Auslöschung von Kulturgütern und intellektuellem Potenzial wollen wir an dieser Stelle gar nicht erst anfangen zu sprechen. Junge Linke, insbesondere in Westdeutschland, hatten dagegen nur Russland vor Augen. Von Trotzki und Bakunin fasziniert, übersahen sie Polen und seine Rolle zwischen dem russischen Imperium und Preußen, zwischen der Sowjetunion und Nazideutschland. Das ist bis heute so, vor allem in den Kreisen der Sozialdemokraten, die sich mit dem polnischen Katholizismus schon immer schwergetan haben.

Kehren wir aber in den Westen zurück. Bereits in den Siebzigern und Achtzigern zeichnete sich in der BRD ab, was später zur Krise der Linken einen wesentlichen Beitrag leisten sollte: Sie ließ sich von den Grünen und den Volksparteien ihre Themen stehlen. Was sie ebenso verschlief, war die Tatsache, dass ihr auch der moderne Kapitalismus mit seiner Marktwirtschaft einen Strich durch die Rechnung machte, denn der Lebensstandard in der Europäischen Union konnte auch für das Prekariat angehoben werden, sodass der Konsum für die Arbeiterschaft attraktiv wurde, vor allem dank der Kredite.

Als ich 1985 im Westen ankam, wunderte ich mich über die zahlreichen sozialen Erleichterungen und Gesetze. Der Arbeiterklasse im Sozialismus ging es auf jeden Fall viel schlechter als ihren Leidensgenossen im Westen, doch die westliche Linke hatte mehr oder weniger eine ganz andere Kundschaft gewonnen und etabliert. Es hatte ein regelrechter Paradigmenwechsel stattgefunden, dessen Zeuge ich noch werden konnte, denn zum einen waren die Arbeiter keine

Sklaven mehr von geldgierigen Kapitalisten, die ihnen lediglich einen Hungerlohn zahlten, zum anderen wechselten sie auch zunehmend das politische Lager. Das taten sie, weil sie sich von den Linken und Sozialdemokraten nicht mehr repräsentiert fühlten, da diese zwar vorgaben, für Gleichheit und Gerechtigkeit einzutreten, die Realität aber ein ganz anderes Bild offenbarte: eine Multikulti-Gesellschaft, das Eindringen der liberalen Narration der Regierungsinstitutionen und der EU in ihre lokalpatriotisch-traditionelle Lebensweise, die zunehmende Elitenbildung in der Politik und Wirtschaft, deren Sprache für sie fremder und fremder wurde, wie auch die immer komplizierter wirkende Vernetzung dieser Eliten in der globalisierten Welt. Sie gaben ihre Freiheit im Namen der Sicherheit auf, wie es Zygmunt Bauman ausdrücken würde: Sie wurden rechtskonservativ und hatten gar kein Interesse mehr an einer Zukunft, die für sie ökonomisch und sozial ohnehin unter einem großen Fragezeichen stand. In diesem Sinne hatten sich die Linken von ihren ehemaligen Wählern verabschiedet, wie es auch Didier Eribon treffend diagnostiziert, wobei er von seinen Kritikern in Frankreich selbst als ein privilegierter Salonlinker betrachtet wird.

Eribon beschreibt diesen Paradigmenwechsel sehr treffend, wenn er in Bezug auf die Gelbwesten-Bewegung sagt, diese folge »nicht der traditionellen ideologischen, sondern der sozialen Spaltung (…). Dies ist Teil eines globalen Problems. In vielen wohlhabenden Demokratien hat sich die Linke vollständig von ihrer Volksbasis gelöst. Im 20. Jahrhundert verteidigte sie Gewerkschaften und Arbeiter, aber in den letzten 40 Jahren hat sich der Begriff der Gleichstellung gewandelt und eine neue Bedeutung erhalten. Es sind Frauen, Schwule, Lesben und Einwanderer und nicht die Arbeiterklasse, die heute an den Rand gedrängt und die im Herzen von sozialistischen Parteien und Sozialdemokraten getragen werden. In der Folge verloren die Parteien den Kontakt zur weißen Arbeiterklasse und allgemein zu den Volksmassen.«[4]

Nun schwächelt die Linke schon seit Jahren, sie steht im Schatten ihrer größten Erfolge: im Westen im Kontext der 68er-Revolution, der Gründung der Grünen und der Friedensproteste, und im Osten hat sie nach 1989 noch nie ein leichtes Leben gehabt – sie verliert seit geraumer Zeit ihre Wähler an Rechtskonservative, wobei die Arroganz der Linken: ihre Neigung zum moralistischen Auftreten und Gebaren, zu ihrem Imageverlust sicherlich einen wesentlichen Beitrag geleistet hat. Vor allem die intellektuellen Linken haben sich schon vor langer Zeit vom Prekariat abgewandt. Zudem haben sie ein gewaltiges Problem mit radikalen Forderungen, weil sie im Alltag nicht realisierbar sind und dem ›Vorankommen‹ und dem Konsens im Wege stehen, zumal die Linke den Populismus weder ideologisch noch praktisch umsetzen kann. Die Linke ist eine Vertreterin der Minderheit, und ihre große Schwäche besteht darin, dass sie politisch oft scheitert, weil sie, wie Kołakowski behauptet, keine richtige »politische Bewegung« ist, »sondern nur die Summe spontan entstandener moralischer Einstellungen« bildet.

Ich habe im polnischen Sozialismus den Missbrauch der Linken durch den sowjetischen vulgarisierten Marxismus als eben solch eine moralistische Lehrstunde empfunden – in Verbindung mit der Vaterlandsliebe und der Liebe zu unseren sozialistischen Brüdern wirkte dieser Missbrauch noch gewaltiger. Die Märsche am 1. Mai in meiner Geburtsstadt Bartoszyce in Masuren, um den Sieg der Arbeiterklasse und des Sozialismus zu feiern – sie erinnerten mich später, nach meiner Ausreise in die BRD, an die Märsche der Hitlerjugend, die im Sachsenhain in Verden an der Aller, wo ich über 20 Jahre lang mein Arbeitszimmer gehabt und 15 Bücher geschrieben hatte, zur Sonnenwende mit ihren brennenden Fackeln aufmarschiert war.

Eine Zivilisation, die lediglich auf Wachstum und Fortschritt der Technologien setzt, wird niemals der linken Utopie einer gerechten Welt nahekommen. Es kann doch kaum das Ziel des menschlichen Daseins sein, ungeheure Reichtümer anzuhäufen. Auch ist das Ziel, ein politisch-ökonomisches System aufzubauen, das jedem ein Grundeinkommen sichern und damit auch die Existenzängste nehmen könnte, noch nicht als Utopie zu verstehen. Nein, vielmehr drücken alle Utopien und Mythen zunächst unsere Sehnsucht nach erfüllten Zeiten aus, nach dem ewigen Frieden in dem Ozean, aus dem wir alle kommen, wie es Freud 1930[5] allegorisch beschreibt. Es geht also um die Sehnsucht nach dem Paradies, nach unserem gemeinsamen Zuhause, nach dem Ursprung, aus dem wir alle kommen. Eine Utopie denken heißt also immer mehr als bloße Sozialreformen, es heißt das wirklich Neue denken, und zugleich heißt es, jede Idee dialektisch betrachten, ihr Gegenteil durchdenken, gemeinsam fragen.

Doch sollte man die geschichtliche Notwendigkeit, den Glauben an die Wiederkehr oder vielmehr Wiederherstellung alter (glücklicher) Zeiten eher als Inspiration ansehen und nicht als gescheiterten und fehlerhaften Aspekt der Hegelschen oder marxistischen Philosophie oder irgendeiner theosophischen Theorie. Der Glaube an ein fortschrittliches Universum, das sich progressiv entwickelt – an diesem Glauben ist grundsätzlich nichts falsch, sondern er kann vielmehr ein Antrieb sein, wirklich grundlegende Veränderungen zu denken. Genauer betrachtet, meint dieser Begriff von Utopie also nicht, sich in einen vermeintlich glücklichen Urzustand zurückzuwünschen, wie es meine Wendung von der ›Sehnsucht nach dem Paradies‹ zunächst vielleicht nahezulegen scheint. Es geht vielmehr darum, diesen ›Urzustand‹ als eine regulative Idee anzunehmen, als Fiktion einer ideellen Vergangenheit, die es uns überhaupt erst wieder erlaubt, das Neue freizulegen und zu denken, also im Jetzt zu überlegen, wie eine bessere, zukünftige Welt aussehen müsste – und dies immer dialektisch, kritisch, reflektiert.

Die größte Kraft der Linken liegt in ihrem Denken der Utopie, das in sich dialektisch sein muss. Was unserer Welt fehlt, ist das Denken des anderen, denn vor lauter Angst vor Querdenkern und alternativen Fakten haben wir vergessen, dass es zum Menschsein gehört, andere Möglichkeiten zu imaginieren, einen Abstand zum Ist-Zustand einnehmen zu können – die Standpunkte anderer ernsthaft zu durchdenken. Eine Utopie braucht heute niemand, so könnte man einwenden, denn nicht nur sind die ökonomischen wie ökologischen Probleme unserer Zeit viel zu drängend, als dass es sinnvoll wäre, sich mit Utopien zu beschäftigen. Zugleich macht das notwendig Unbestimmte, das jeder echten Utopie eigen ist, den Menschen Angst – vor allem den Nicht-Abgesicherten, Prekären, für die die Gegenwart schon unbestimmt genug ist.

Die Utopie dialektisch denken, heißt aber immer, Unsicherheit, Offenheit und Versuch auszuhalten. Heute scheint alles derart katastrophal, dass wir nur noch Lösungen wollen, schnelle, greifbare, kontrollierbare. Diese Besessenheit vom Fortschritt ist keinesfalls neu, hat aber an Entschiedenheit gewonnen. Träumereien – und das ist es, was man oft als Utopie versteht – kann sich unsere Zeit einfach nicht mehr leisten. Dass es aber gerade die Utopie ist, die für die Linke eine Haltung und für unsere Gesellschaft eine neue Gegenwart bereithält, möchte ich hier zeigen.

I
DIE UTOPIE ALS UREIGENE KRAFT DER LINKEN

»Utopisch ist ein Bewusstsein,
das sich mit dem
es umgebenden ›Sein‹ nicht
in Deckung befindet.«

Karl Mannheim in »Ideologie und Utopie« (1930)

D as Hauptproblem der heutigen Linken ist, dass sie die Utopie, ihre ureigene Kraft, die eschatologische Züge trägt, ablehnt und keinen Zugang mehr zu ihr hat. Vor allem die westliche Linke betrachtet die Utopie oft als eine Art Krebsgeschwür oder Atavismus, wahrscheinlich, weil sie keine Erfahrungen mit dem Realsozialismus gemacht hat.

Die sowjetische Umsetzung des Marxismus – die sich selber durchaus als Verwirklichung der Marx'schen Utopie begreift – ist zwar gescheitert, doch fragten wir uns damals in allen sozialistischen Ländern, ob wir den Kommunismus schon erreicht hätten und wenn nicht, spekulierten wir darüber, wie lange es noch dauern würde, bis das gewünschte Ergebnis endlich erreicht werden könnte. Letztlich – und das ist ja eine Pointe des utopischen Denkens – wusste niemand so genau, wie dieses gelobte Land des ewigen Friedens und der ewigen Freiheit durch die Aufhebung jeglicher Klassenwidersprüche eigentlich aussehen sollte.

Gerade Marx als Utopisten zu verstehen, scheint vielen ein Widerspruch in sich: Marx, der gerade das Diesseits, das Überleben, den Klassenkampf in den Mittelpunkt seiner Theorie rückte, war doch das genaue Gegenteil eines Träumers, ein Realist, ein radikaler Umdenker des bestehenden Systems! Das Interessante an Marx' Theorie ist aber meines Erachtens gerade das Zusammenkommen dieser beiden Extreme. Marx' Theorie ist deshalb so entscheidend für die Linke, weil sie dialektisch ist, weil sie zwei Schwerpunkte hat, die sich auszuschließen scheinen und so ewig im Dialog bleiben: Der Kampf für soziale Gerechtigkeit, der Aufstand der Arbeiter, wird getragen von der Utopie, der Vorstellung einer neuen Gesellschaft, einer Gesellschaft, die es noch nie gab und die erst erdacht werden muss. Zugleich aber ist diese Utopie, diese neue Welt, eben keine Träumerei, die auf Wolken thront, sondern fußt auf dem Umbau der real existierenden Gesellschaft. Sie ist erst denkbar im Zusammenhang mit der notwendig auf sie zuführenden, gerechten Gesellschaft; Klassenlosigkeit als notwendig auf Klasse beruhende Utopie. Wenn man diese Dialektik einfach übergeht und meint, eine sofortige Verwirklichung sei schon das marxistische Ideal, kann es gefährlich enden, wie es ja bereits geschehen ist: Denn der Determinismus ist ein gefährliches Pflaster, und was ›jetzt‹ sein sollte, entpuppte sich im institutionalisierten Marxismus als eine Ideologie, die wir Sozialismus nannten.

Lese ich in diesem Zusammenhang Slavoj Žižeks emphatische und manchmal idiosynkratische Erinnerungen an diese Epoche des sozialistischen »Experiments«, das in furchtbaren Diktaturen geendet hatte, fühle ich mich dem slowenischen Philosophen sehr nahe, auch wenn ich seine oft lautstarke Deklaration, er sei Kommunist, mit leichtem Grinsen betrachte. Žižek ist, dringt man tiefer in sein Werk ein, in erster Linie ein exzellenter Dialektiker, der keine Berührungsängste hat, was den revolutionären Terror angeht – sowohl den jakobinischen wie auch den stalinistischen. In *Die bösen Geister des himmlischen Bereichs* gesteht er: »Die größte Stärke der Jakobiner war nicht die Theatralik des Terrors, sondern ihre utopisch ausufernde politische Vorstellungskraft, was die Neuorganisation des Alltags anging; alles, wirklich alles wurde während der fieberhaften Aktivität weniger Jahre vorgeschlagen: von der Selbstorganisation von Frauen bis zu Gemeindeheimen, in denen die Alten ihre letzten Jahre in Frieden und Würde verbringen können sollten.«

Da die Linke ihre Anziehungskraft und ihren Zusammenhalt nicht mehr aus ihrem utopischen Denken zieht, sucht sie ihr Heil heute in der Realpolitik und damit im Populismus, der doch eigentlich der Treibstoff der Rechts- und Nationalkonservativen ist. Und so las ich mit großem Erstaunen Chantal Mouffes Plädoyer *Für einen linken Populismus*, ein in der Tat faszinierendes Buch, in dem aber eine sehr kühne These aufgestellt wird. Mouffe schreibt: »Die sozialdemokratischen Parteien, die in vielen Ländern bei der Implementierung einer neoliberalen Politik eine wichtige Rolle gespielt haben, sind außerstande, die Tragweite des populistischen Moments zu begreifen und sich den damit verbundenen Herausforderungen zu stellen. In ihren postpolitischen Dogmen gefangen und unwillig, ihre Fehler zuzugeben, können sie nicht erkennen, dass viele der von rechtspopulistischen Parteien artikulierten Forderungen demokratische Forderungen sind, die einer progressiven Antwort bedürfen.«

Didier Eribon, Slavoj Žižek, Francis Fukuyama, Chantal Mouffe, Bernd Stegemann wie auch Sahra Wagenknecht und im Kontext des rechten Populismus Jan-Werner Müller und Volker Weiß beleuchten schon seit vielen Jahren den Wandel der Prioritäten, der bei der Linken stattgefunden hat. Prinzipiell ist der Tenor bei allen gleich: Das Prekariat sei sich selbst überlassen worden und deshalb massiv zu den Rechten und Identitären abgewandert, während sich die Linken auf einen Kreuzzug gegen Rassismus, Sexismus, Xenophobie, Homophobie, Misogynie, Umweltzerstörung und Kapitalzentralisierung gemacht hätten. Dabei hätten sie sich oft belehrend und moralistisch über das Prekariat und ihre ehemalige Wählerschaft, die Arbeiter, gestellt, da sie auf ein kulturell und gesundheitlich erfülltes Leben besonderen Wert legten – ein stilles Arrangement mit der liberalen Finanzwelt und den Unternehmern sei daher vorprogrammiert. Die Sozialdemokraten hätten es vorgemacht, und die Grünen vervollkommneten diesen Weg der verschiedenen Arrangements mit der Wirtschaft.

Wenn ich diesen Einschätzungen auch zustimme, so läuft mir bei dem Begriff »linker Populismus« dennoch ein Schauer über den Rücken: Die sogenannte Diktatur des Proletariats und den historischen Determinismus (›Stalin tötet Trotzki‹) musste ich zum Glück nicht miterleben, doch der Populismus der Kommunisten in meiner Volksrepublik Polen, in der ich von 1968 bis 1985 gelebt habe, war heuchlerisch und auf den Nepotismus ausgerichtet, weswegen ich nach meiner Ankunft in Westdeutschland über Rudi Dutschkes und Gaston Salvatores Naivität schmunzeln musste. Sie haben beide das marxistisch-hegelianische Gift, dass die Zeiten ihre Erfüllung in einer progressiven und freien Gesellschaft finden müssen – praktisch in einer Art Erlösung aller Klassen und Gegensätze –, nur als einen ideologischen Glauben gekannt. Ich wusste aus dem Sozialismus, dass sich die Gegensätze und Widersprüche nie werden auflösen lassen. Und trotz all der Zweifel ging es damals, und zwar insbesondere im Stalinismus, ausschließlich um die Frage des Glaubens, eines ›Neuen Glaubens‹, der der einzig richtige war und der keine anderen Vorstellungen duldete.

Mouffe weiß natürlich, und schreibt darüber auch in ihrem Buch, dass das oberste Ziel und damit die wichtigste Aufgabe der marxistischen Utopie, mit der der Sozialismus in Osteuropa und der Sowjetunion nicht fertigwerden konnte, der vollständige Abbau jeglicher regierenden Eliten ist. Nur so kann es den freien Menschen, ›den Neuen Menschen‹ geben, nur so wird er zum gerechten Schmied seines eigenen Schicksals und der Gemeinschaft. Sie erklärt in ihrem Buch gleich zu Beginn, dass sie sich vor allem auf Westeuropa konzentrieren wolle – Osteuropa sei ein anderes Thema und würde zu weit führen. Das scheint mir mindestens verwunderlich, denn es ist doch gerade Osteuropa, in dem sich das Thema ihres Buches – der linke Populismus – verwirklicht hat. Und mit welchem Ergebnis, wissen wir. Kołakowski, der 1968 aus Polen in den Westen ins Exil gegangen war, in Oxford Philosophie gelehrt und der in den Siebzigern ein dreibändiges Werk zum Marxismus veröffentlicht hatte, kannte die marxistische Verführung allzu gut: Sein Parteiausschluss erfolgte erst 1966, nachdem er an der Warschauer Universität einen kritischen Vortrag über die Kultur, Partei und den »Polnischen Oktober« 1956, das Tauwetter, gehalten hatte. Dort lesen wir: »Die Linke scheidet Utopien aus, wie die Bauchspeicheldrüse Insulin ausscheidet – aufgrund einer angeborenen Gesetzmäßigkeit. Die Utopie ist das Streben nach Veränderungen, die sich

›in Wirklichkeit‹ nicht durch sofortiges Handeln realisieren lassen, außerhalb der sichtbaren Zukunft stehen und keiner Planung unterliegen.«

»Der Mensch lebt nicht vom Brot allein«: Gerade die geistige, intellektuelle und progressive Stärke der Linken, die keine Angst hatte, in Odysseus' abenteuerlicher Heimreise den Beginn der Aufklärung und damit der Moderne, der Mündigkeit des Menschen, zu sehen, sichert ihr Überleben – und ihre Notwendigkeit – in der Zukunft.

Wenn man heute die Linke definieren will, fragt man sich oft zu Recht, ob das nicht ein etwas sinnloses Unterfangen sei. Die theoretischen und historischen Grundideen scheinen unserer heutigen Zeit nicht mehr viel zu sagen zu haben, weshalb sie sich in dieser veränderten Welt neu einrichten zu müssen glaubte – sei es im Populismus, sei es in identitätspolitischen Kämpfen. Seit den Publikationen des genialen wie umstrittenen Neomarxisten Georg Lukács ist nicht nur viel Zeit vergangen – seine Analyse der Verdinglichung des Menschen im Kapitalismus erschien ja 1923 … –, seine Erkenntnisse greifen auch heute nicht mehr, denn Marx und einer seiner talentiertesten Schüler konnten eines nicht vorhersehen: dass wir durch die technologische Entwicklung, durch das Internet, die Digitalisierung und die industrielle Umweltzerstörung eine Vielzahl globaler Probleme schaffen würden, die uns alle gleich machen – unabhängig davon, ob wir reich oder arm, gebildet oder ungebildet sind.

Diese Gleichheit hat aber – und das wird allzu oft übersehen – nichts damit zu tun, was Gleichheit bei Marx oder Lukács bedeutet. Heute sind wir vermeintlich gleich, was die Bedrohung unseres Lebens angeht: Wir sollen gemeinsam gegen die Klimaerwärmung kämpfen, da wir alle auf den Erhalt der Erde angewiesen sind. Dieses *Gemeinsame* ist heute meines Erachtens das genaue Gegenteil dessen, was Marx vorschwebte: Dies gemeinsame Schicksal nämlich kettet uns fest an die Ungleichheit innerhalb der Gesellschaft, es rechtfertigt, dass Arme arm, Benachteiligte benachteiligt bleiben. Hier geschieht, was ich eingangs sagte: Die scheinbare Utopie vergisst ihren Grund, die Gerechtigkeit ›auf Erden‹. Diese scheinbare Utopie träumt von einer Welt der gesunden Natur, die den Klassenkampf – um mit Marx zu sprechen – einfach übergeht. Das also ist die fehlende Dialektik, die ich meine, sie ist es, die den Untergang der Linken bedeuten muss.

E in weiteres grundlegendes Problem ist das Verhältnis der Linken zum Kapitalismus: Jedenfalls beschäftigt sich die heutige Linke weder mit dem Klassenkampf und -bewusstsein noch mit dem Problem der Verdinglichung im Kontext der Ausbeutung der Arbeiter und des Verkaufs der Ware – warum sollte sie das auch tun? Der Kapitalismus hat seine einstigen Sklaven, die billigen Arbeitskräfte, längst als ehrenvolle Konsumenten, als eine wunderbare Kaufkraft entdeckt, die man nicht ignorieren darf. Mehr noch, wir haben uns heute sogar überall daran gewöhnt, dass der Mensch in unserer Konsumgesellschaft selbst zum Produkt geworden ist, wie es Zygmunt Bauman[6] und andere Soziologen gezeigt haben. Lukács noch schreibt in seinem revolutionären Werk *Geschichte und Klassenkampf*, mit dem er neben Gramsci den Neomarxismus entscheidend mitgeprägt hatte, über die Verdinglichung und Entzauberung des Menschen im kapitalistischen System und das bereits wenige Jahre nach dem Ende des Ersten Weltkriegs: »Der Mensch erscheint weder objektiv noch in seinem Verhalten zum Arbeitsprozeß als dessen eigentlicher Träger, sondern er wird als mechanisierter Teil in ein mechanisches System eingefügt, das er fertig und in völliger Unabhängigkeit von ihm funktionierend vorfindet, dessen Gesetzen er sich willenlos zu fügen hat.« Lukács spricht von »einem mechanischen System«, von dem der mechanisierte Mensch, der verdinglichte, ein bloßer Teil sei.

Ich bin in einem politischen System aufgewachsen, das kraft seiner kommunistischen Ideologie geschlossen und positiv war: Es gab nur ein einziges Ziel, nämlich das Positive dieses Systems jeden Tag zu loben und zu betonen, denn wir waren ja dem kapitalistischen Westen überlegen, fortschrittlicher in jeder Hinsicht. Ein mechanisches, abgeschlossenes System, dessen Teile – die mechanisierten Bürger – alle *gleich* waren. Zugleich war es aber selbst Marxisten, Trotzkisten, Linken und Sozialisten damals möglich, das kommunistische Regime an den Pranger zu stellen – nicht nur Atheisten oder Liberalen oder Konservativen, die sich erst nach 1990 im Ostblock quasi ›outen‹ konnten, weil der gemeinsame Feind – der autoritäre Kommunismus – tatsächlich ausgedient hatte und abgeschafft wurde, wirklich zerlegt und abgeschafft, wenngleich seine zahlreichen Profiteure weiter wirken konnten – unter neuen Fahnen, Prämissen und Konstellationen.

Das ist keine Verschwörungstheorie – es war ja unmöglich, das Böse und das Gute manichäisch sofort zu trennen, die Täter und die Opfer eindeutig zu klassifizieren und juristisch auseinanderzuhalten, da in den Jahren 1989 bis 1992 die Aufbruchstimmung allen eine neue Chance geschenkt hatte. In Polen war man natürlich stolz auf den ›Runden Tisch‹, auf die Gespräche zwischen der Opposition und den Regierenden, weil es nicht zum Blutvergießen kam wie in Rumänien. Aber das bedeutete nicht, dass man sich entspannt zurücklehnen konnte. Nein, man hoffte, in den Widersprüchen ein Licht der Versöhnung zu finden, und selbst die schärfsten Kritiker dieser Versöhnung mit den Tätern hatten Hoffnung, dass die Zukunft bessere Zeiten mit sich bringen werde. Aber es war eine dialektische Transformation, in jeder Hinsicht, kollektiv und psychologisch, privat und politisch. Adorno schreibt treffend in seinem Buch *Negative Dialektik* über die Macht der dialektischen Kritik an der Wirklichkeit, natürlich im Kontext der Werke von Hegel und Marx: »Die spekulative Kraft, das Unauflösliche aufzusprengen, ist aber die der Negation. Einzig in ihr lebt der systematische Zug fort. Die Kategorien der Kritik am System sind zugleich die, welche das Besondere begreifen. Was einmal am System legitim das Einzelne überstieg, hat seine Stätte außerhalb des Systems.«

Wir leben in einer postkapitalistischen und globalisierten Welt, in der Marx und Lukács als Ideengeber und Ideentheoretiker für den Alltag in West- und Mitteleuropa (Milan Kunderas Zentraleuropa) keine große Bedeutung mehr haben; eigentlich genauso wenig Bedeutung, wie der Lukács Kritiker Theodor W. Adorno. Für die Politik und die heutigen Identitätsbewegungen zumindest spielen diese Namen und ihre Ideengeschichtsforschung keine Rolle, sie erleben im Feuilleton und in den Frankfurter Restaurants mit weißen Tischdecken und grau gewordenen Intellektuellen hin und wieder eine Renaissance, aber mehr aus Nostalgie, Pflichtbewusstsein (kulturgeschichtliche Massage) und Spekulation darüber, was denn heute aus dieser Schule noch relevant sei.

Als meine Mutter neulich sah, dass ich Adornos *Negative Dialektik* von 1966 mit Bleistift und Pagemarkern in der Hand lese und nur langsam vorankomme (nach 30 Jahren zum zweiten Mal), schrieb sie mir auf WhatsApp ein paar Tage später, Adorno gelte als besonders schwer zu lesender oder zu verstehender Autor. Sie erinnerte sich zumindest an ihn, weil sie in Danzig Polonistik studiert hatte. Das war Ende der Siebziger, kurz vor den Streiks in Danzig und der Herausbildung der *Solidarność*. Lukács, ja, an den erinnere sie sich auch, schemenhaft, aber die Frankfurter Schule habe sie beeindruckt. Es ist stets falsch, urteilt man über jene Zeit des Aufbruchs, Polen, die Tschechoslowakei und Ungarn (um in Milan Kunderas scharfsinnigen Konzentration auf Zentraleuropa zu bleiben) seien in ihrer Kritik des kommunistischen Regimes irrational gewesen, wusste man doch, dass es keine Chance gab, die Sowjetunion in die Knie zu zwingen und den Warschauer Pakt aufzulösen. Ein dummer Gedanke, nicht realisierbar – so lautete damals das Urteil. Und trotzdem war diese Negation der kommunistischen Wirklichkeit absolut richtig und notwendig gewesen. Sie konnte für eine Utopie – und diese Kritik war damals im Ostblock eine Utopie – die Grundlage schaffen, für den geistigen und politischen Fall der Mauer. Es ist sehr wichtig, dass man diese aussichtslose Lage, in der sich die Menschen im Ostblock befanden (der Sozialismus werde noch mindestens hundert Jahre dauern, so sprachen wir damals), nicht nur im Kontext des romantischen Kampfes sieht, im Kontext der Spontanität und des Zufalls und der Sehnsucht nach Freiheit.

U topie heißt hier, das Andere denken, die Wirklichkeit dialektisch betrachten. *Diese* Haltung ist es, die die Linke für sich zurückgewinnen muss, anstatt den Kampf für die Arbeiter einfach auf einzelne Gruppen – auf Wählergruppen, also potenzielle Wähler – zu übertragen. Wer zum Beispiel in einer der gigantischen Warenhallen von Amazon in der Nähe von Wrocław arbeitet, lebt im Vergleich zu den Arbeitern des 19. Jahrhunderts wie ein König, als käme er aus einem Märchen, so würde er zumindest den Menschen aus der Epoche der Frühindustrialisierung vorkommen. Das heißt, ein heutiger Arbeiter kann es sich politisch und finanziell ›leisten‹, die AfD oder die PiS zu wählen. Der erste Schritt muss demnach die Feststellung sein, dass diejenigen, für die die Linke seit jeher kämpft, nicht mehr in der altbekannten Form existieren.

Die Linke denkt aber, dass wenn sie soziale Programme entwickelt und gut verkauft, schon ein wesentlicher Teil ihrer Arbeit erledigt sei. Nein, ohne eine klare politische Vision kann solch ein Vorhaben nur misslingen. Das Wesentliche, das wusste die Linke einmal, ist doch, dass sie die Regierenden infrage stellt und zwar radikal – und am besten gelingt dies, indem man die Dialektik nutzt. Diese grundsätzliche Infragestellung übernehmen zurzeit – und das stellt alles auf den Kopf – die Rechtskonservativen, egal, ob sie selbst regieren oder in der Opposition sind; sie diskreditieren, demontieren und stellen das Establishment, die ›alten‹ Eliten bloß – gänzlich nach der dialektischen Methode. Das ist paradox, wobei sie in ihren Augen ja nicht nur das linke oder das liberale Lager bekämpfen, nein, sie führen einen regelrechten Kreuzzug gegen die ihrer Meinung nach unsere Kultur und unsere Tradition in Europa bedrohende liberale Narration der Brüsseler Demokratie, die sie jedoch als eine Diktatur anprangern.

Die progressive Kraft der Linken, nämlich ihre kritische, weil negierende Haltung, die selbst noch in den Fünfziger- und Sechzigerjahren des vorigen Jahrhunderts im Westen in den Kreisen der Intellektuellen, aber auch der Arbeiterschicht spürbar und präsent war und für Respekt bei den Gegnern und Kritikern sorgte, spielt in unserer Zeit keine Rolle mehr, sie hat als Instrument der Linken ausgedient. Es gibt aus diesem Grund keine Ausstrahlung mehr, kein Charisma, keine Überzeugung, keine Utopie, keine Idee, die wir mit der Linken verbinden würden. Dieser Leerraum führt zu Enttäuschung und Desillusionierung, und nicht selten wird die Linke, insbesondere in Deutschland, einfachhin mit dem verbrecherischen politischen System der DDR gleichgesetzt.

Nun zeichnet sich unsere Zeit aber durch Unsicherheit aus: Die Vermarktung sämtlicher Lebensbereiche und der daraus resultierende permanente Wettkampf führen zu einer großen Sehnsucht nach Sicherheit, Selbstverständlichkeit und Identität. Grundlegende Skepsis, Kritik und Infragestellung – eine dialektische Lebensweise mithin – halten genau dies aber gerade nicht bereit, ja, scheinen es vielmehr zu erschweren, eine stabile Identität aufzubauen. Außerdem haben heute viele Begriffe und Identitätsbeschreibungen ausgedient. Sie sind hohle, energielose Definitionen des Subjekts. Nichtssagend. Das liegt daran, dass in diesem Fall verkürzte Wege genommen werden, um Phänomene, Subjekte und Objekte zu definieren. Das geschieht aus dem Grund, dass heute der Glaube vorherrscht, der Marxismus per se sei erledigt, der Zeitgeist ›ticke‹ heute anders und wir seien viel *kritischer* geworden, da wir über ausreichend Erfahrungen verfügten. Mithin über schlechte Erfahrung mit dem Marxismus, womit eigentlich der institutionelle Partei-Marxismus gemeint ist. Dabei ist es doch so, dass Epochen nicht einfach an einem bestimmten Zeitpunkt beendet sind oder erstarren und ins Museum wandern, sondern in uns weiterleben, da sie solche Ideen beinhalten, die wieder aktiviert oder neu und anders gedacht werden können, wobei es sich dabei immer auch um längst totgesagte Ideen handeln kann. Das beste Beispiel ist die Rückkehr zum Autoritären, der Hang zum Faschismus und Nationalismus, den wir überall beobachten können.

Jede Epoche bringt allerdings solche Schwarzseher hervor, die denken, sie würden in einer besonders verfluchten Zeit leben, in der man mehr Krisen, Katastrophen und Revolutionen durchstehen müsste als in der Vergangenheit – es gäbe eine Steigerung, Potenzierung des Bösen. Der Mensch sei unbelehrbar und werde seine Zivilisation früher oder später selbst zugrunde richten. Und dann gibt es auch solche

Lektionen der Geschichte, die uns zeigen, dass wir Meister darin sind, Klischees und Vorurteile zu kreieren und zu pflegen, aber auch darin, unsere Verhaltensweisen und Anschauungen als fortschrittlich und vor allem als völlig neu zu betrachten, als wären wir tatsächlich die ersten Menschen, die gerade aus dem Paradies verjagt worden wären und gelernt hätten, in der kalten Wüste Feuer zu machen.

Doch zurück zur Diagnose der verblassenden Kraft der Linken, die so neu gar nicht ist. Schon während der zweiten französischen Revolution, der Februarrevolution von 1848 und der darauf bis zum Staatsstreich 1851 folgenden Jahre, die Louis Bonaparte an die Macht gebracht haben, war es zu einem Missbrauch gekommen, was den inflationären Gebrauch des Begriffes ›sozialistisch‹ angeht. Marx schreibt in seinem essayistisch-historischen Abriss über diese revolutionären Jahre und den Staatstreich Louis Bonapartes: »Handelte es sich um Petitionsrecht oder um Weinsteuer, um Preßefreiheit oder um Freihandel, um Klubs oder um Munizipalverfassung, um Schutz der persönlichen Freiheit oder um Regelung des Staatshaushaltes, das Losungswort kehrt immer wieder, das Thema bleibt immer dasselbe, der Urteilsspruch ist immer fertig und lautet unveränderlich: ›Sozialismus!‹ Für sozialistisch wird selbst der bürgerliche Liberalismus erklärt, für sozialistisch die bürgerliche Aufklärung, für sozialistisch die bürgerliche Finanzreform. Es war sozialistisch, eine Eisenbahn zu bauen, wo schon ein Kanal vorhanden war, und es war sozialistisch, sich mit dem Stocke zu verteidigen, wenn man mit dem Degen angegriffen wurde.«[7]
Bevor der Sozialismus sich überhaupt entfalten und ausbreiten konnte, galt er schon als verrucht, und als eine soziale Idee und Ontologie stand er nach 1989 endgültig für Missratenes, Verpfuschtes; er avancierte schnell zu einem abfälligen

Begriff, der allerdings mit der linken utopischen Idee und der Marx'schen Philosophie und Soziologie immer weniger etwas zu tun hatte.

Heute brauchen wir also eine neue Sprache mit neuen Begriffen, da es zu einer ungeheuren Entwertung der alten gekommen ist: Wir brauchen eine riesige Müllhalde, wo wir all die nichts mehr sagenden, vollkommen unglaubwürdig und kraftlos wirkenden Begriffe aus dem 19. und 20. Jahrhundert entsorgen können, die meinen, eine konkrete politische, ideologische oder philosophische Haltung darzustellen. Spreche ich mit befreundeten Künstlern und Schriftstellern über Begriffe wie Linke, Rechte, Liberale, Sozialisten, Kommunisten, Konservative, Nationalkonservative, Demokraten, Kosmopoliten und so weiter zeigen sie sich schnell ermüdet und sagen, all diese Begriffe seien kraftlos geworden; ihre Inhalte seien schon tausendfach wiedergekäut und verdaut worden – sie hätten uns nichts Neues und Glaubwürdiges mehr zu sagen, weil sie leer geworden seien. Man muss an dieser Stelle auch an Hannah Arendt erinnern, die sich gegen den Drang, sie einem politischen Lager zuzuordnen, stets entschieden verwehrt hat. Sich wohlfühlen in der Selbstverständlichkeit festgesetzter Begriffe heißt immer auch, sie nicht infrage stellen, sie blind akzeptieren. Um aber etwas verändern zu können, müssen wir kritisch denken, und in diesem Sinn kann die Antwort darauf, ob man links sei, nur lauten: Was heißt denn ›Links‹? Was heißt es heute, jetzt?

Doch woher kommen diese Schwierigkeiten, eine klare und zeitgemäße Vision zu formulieren? Die heutige Linke und auch ihre Kritiker, die speziell in Deutschland oft den Vorwurf vorbringen, die Partei *Die Linke* müsse sich bewusst sein, dass sie Nachfolger der verbrecherischen kommunistischen SED sei, ist sicherlich einer der entscheidenden Punkte. Fruchtbarer wäre es meines Erachtens, die Grundidee der Linken an der Wurzel zu packen, anstatt immer wieder auf diesen Punkt zurückzukommen – sich also mit der Ideen- und Kulturgeschichte sowie der Philosophie von Hegel oder Marx oder Adorno zu befassen. Ideengeschichte ist ein lebendiger Organismus, genauso lebendig wie das Philosophieren nach Adornos Verständnis: »An Philosophie bestätigt sich eine Erfahrung, die Schönberg an der traditionellen Musiktheorie notierte: man lerne aus dieser eigentlich nur, wie ein Satz anfange und schließe, nichts über ihn selber, seinen Verlauf. Analog hätte Philosophie nicht sich auf Kategorien zu bringen, sondern in gewissem Sinn erst zu komponieren. Sie muss in ihrem Fortgang unablässig sich erneuern, aus der eigenen Kraft ebenso wie aus der Reibung mit dem, woran sie sich misst; was in ihr sich zuträgt, entscheidet, nicht These oder Position; das Gewebe, nicht der deduktive oder induktive, eingleisige Gedankengang. Daher ist Philosophie wesentlich nicht referierbar.«[8]

Philosophieren wird hier also als lebendiger Akt beschrieben, der nicht festsetzen, sondern gewissermaßen freisetzen will. Es geht also um ein stets waches Denken, ein kritisches – negatives, negierendes –, die Wirklichkeit infrage stellendes Denken, wobei man anschließend selbst seine eigene Wirklichkeit, die infrage gestellte, noch einmal revidieren und prüfen muss. In diesem Sinne sollten die Theorien – ebenso wenig wie die altbekannten Begriffe – nicht einfachhin als solche in der Gegenwart fortbestehen, sondern müssten vielmehr weitergedacht werden, gewissermaßen als Rahmen. Entscheidend aber bleibt die Gegenwart, wie sie sich zeigt, so muss die Theorie, müssen die Begriffe, »unablässig sich erneuern, aus der eigenen Kraft ebenso wie aus der Reibung mit dem, woran sie sich« messen.

Die Hauptkraft, das Herz der Linken, ist die Negation der Wirklichkeit, die »negative Dialektik«, die kritische Begegnung mit dem Hier und Jetzt, und weil das so ist, braucht sie selbstverständlich eine Utopie, weil sie die für sie nicht akzeptable Wirklichkeit verändern will und muss – ja, sie empfindet Missachtung für sie. Viele denken hier fälschlicherweise, dass es um schöne rosa Wolken gehe, darum, eine Gesellschaft zu schaffen, in der alle gleich und glücklich seien, was aber ihrer Meinung nach unrealistisch ist. Sie denken so und meinen sogar, die Welt in ihrer klaren, manichäischen Theodizee werde sich nicht ändern, niemals, der Mensch auch nicht, es werde immer Gierige und Schwache geben. Sie denken wie die Rechte, sie sind populistisch und demagogisch, obwohl sie sich für realistische Linke oder Sozialisten oder Sozialdemokraten halten. Sie verstehen die Utopie als dumme Hirngespinste von naiven Weltverbesserern. Und das ist eine nicht nur dumme und oberflächliche Umgangsweise mit der Utopie und der Ideengeschichte, sondern eine geradezu verantwortungslose gegenüber der Ideengeschichte und der Weltgeschichte – ein Denken, das den Menschen bremst, ihn in seiner Freiheit bezüglich des Kreativen und Erfinderischen zum Sklaven seiner Angst vor dem Fortschritt und vor Änderungen jeglicher Art macht. Bei Kołakowski heißt es in diesem Sinn: »[...] die Utopie ist die Voraussetzung für soziale Umwälzungen, irreale Bestrebungen sind die notwendige Voraussetzung für reale.«[9]

Die heutige Linke hat mit dieser Vorstellung praktisch und theoretisch wenig zu tun. Sie ist zu einer politischen Strömung geworden, die sich für Sprachgerechtigkeit und Frauenrechte einsetzt, Homophobie und Antisemitismus bekämpft, die Multikulturalität und Diversität unterstützt, die sich der Identitätspolitik verpflichtet fühlt. Problematisch an dieser Entwicklung ist, dass diese Veränderungen immer nur für den Moment und für einzelne Gruppen gedacht sind, wodurch die Linken die Gesellschaft aus den Augen verlieren, für die diese Veränderungen wichtig sind. Deshalb müsste die Linke bei ihrem Kampf für soziale Gleichheit vorausschauend denken, handelt es sich doch bei der sozialen Gleichheit nur um einen Teil des Weges zum Ziel, zu einer gerechteren und besseren Gesellschaft, die auch ontologische Probleme bewältigen muss. Der Kern der linken Weltanschauung ist es doch, eine gerechtere Welt zu gründen, eine Gesellschaft aus Gleichen. Wenn also über Verbesserungen – seien sie auf Arbeitsverhältnisse, auf die Umwelt, auf die soziale Lage bezogen – gesprochen wird, muss es immer darum gehen, dass sie *für alle* gelten, dass sie niemanden ausschließen oder einfach vergessen.

Die Linke müsste also große Schritte wagen und für eine Zukunft kämpfen, die für uns, für die meisten Menschen auf dieser Erde, unvorstellbar ist: eine Welt ›ohne Geld‹ (oder zunächst wenigstens ›mit Geld für alle‹ …) und damit ohne die Vorstellung, dass das Ziel der Existenz von Kultur und Zivilisation sei, möglichst viele materielle Güter zu besitzen – und idiosynkratisch zu verwalten. Kaum haben wir gelernt, in den Orbit zu fliegen, diskutieren wir schon darüber, wie wir in der Zukunft Mond und Mars kolonisieren und ausbeuten werden und wem diese Himmelskörper eigentlich gehören. Das ist, gelinde gesagt, eine besitzergreifende Denkweise, die mit *Caritas* (Mitgefühl) und Respekt vor dem Zuhause im Kosmos wenig zu tun hat.

Natürlich sage ich hier nichts Neues, aber etwas Notwendiges, da sich unser Bewusstsein für solche Ziele und Entwicklungen hin zu einer utopischen Gesellschaft nach wie vor nicht wesentlich geändert hat. Wir gehen fest davon aus, dass wir Besitzer und Verwalter sind – auf Erden und bald in unserem

Sonnensystem. Okkupanten also. Auch bei Marx spielte der technologische Fortschritt, der uns die Arbeit und das Leben erleichtern sollte, eine wesentliche Rolle: Das menschliche Eingreifen in die Natur war selbstverständlich, denn es sollte zum Wohle der Menschheit geschehen. Der sowjetische Mensch, der leninistisch-marxistische, machte sich dann die Erde tatsächlich ›untertan‹, allerdings auf Kosten der Natur, die ungeheure Zerstörung erfahren hat, auch in allen anderen Ostblockländern. Aber zum Glück gab und gibt es Gegenwehr: Dichter und Künstler und Komponisten und Philosophen und selbst Wissenschaftler vergraulen den ›Besitzern‹ und ›Verwaltern‹, den ›Okkupanten‹ das Leben, da sie den Materialismus seit tausenden von Jahren kritisieren und entblößen, indem sie die Überbetonung des Rationalen scharf kritisieren und der Metaphysik und der Transzendenz mehr Platz einräumen.

Wenngleich die Utopie das zuvor Unvorstellbare denkt, muss ihr trotzdem daran gelegen sein, dass mindestens eine Annäherung an sie denkbar ist. Denn eine Utopie hört natürlich auf, eine Utopie zu sein, wenn sie ihre eigene Unmöglichkeit erkennt und sich eingestehen muss, dass sie nicht als Ziel gesetzt werden kann. Ich darf erneut Kołakowski zitieren: »Und doch ist die Utopie Werkzeug zur Einwirkung gesellschaftlichen Handelns. Es entsteht also die Gefahr, daß die Utopie mit der Wirklichkeit so wenig übereinstimmt, daß der Wunsch, sie der Welt aufzuzwingen, die Form einer finsteren Groteske annimmt und zur monströsen Verunstaltung der Welt führt, also zu Veränderungen, die gesellschaftlich schädlich sind und die Freiheit des Menschen bedrohen. Dann würde die Linke, der solche Veränderungen gelängen, sich in ihr Gegenteil verwandeln, zur Rechten werden; aber dann hört auch die Utopie auf, eine Utopie zu sein, sie wird zu einer Phrase, die jede Aktion rechtfertigt.« Nichts anderes geschah in den kommunistischen Regimen des Ostblocks, deren Propaganda totale Phrasendrescherei betrieben hat. Um das zu verstehen, muss die Dialektik, das Negative als eine kritische und produktive Kraft begriffen werden.

Stattdessen wird Gewalt oft als Triebfeder verstanden und eingesetzt. Wo ein Omelett gebraten wird, muss man Eier zerschlagen – diesen Spruch von Lenin lesen wir in den Büchern und Interviews von Slavoj Žižek ziemlich oft. Auch der leider viel zu früh verstorbene Historiker und Osteuropaspezialist Tony Judt benutzte ihn, um zu zeigen, wie kompliziert die Mechanismen und Strukturen einer Revolution sind. Opfer in Kauf zu nehmen, um ein erhabenes Ziel zu erreichen, ist für viele Funktionäre, Aktivisten, Herausgeber politischer Schriften, Revolutionäre oder Ideologen etwas so Alltägliches und Unumstößliches, dass man allein beim darüber Nachdenken vor Angst ein Kribbeln im Nacken verspüren kann. Jerzy Giedryc, der Herausgeber der polnischen Exilzeitschrift *Kultura* und der *Historischen Hefte*, aber auch zahlreicher belletristischer Bücher in Paris, deren Autoren solche Kaliber waren wie Joseph Brodsky, Czesław Miłosz, George Orwell oder Albert Camus, spekulierte bereits vor dem Streik in der Danziger Werft 1980 darüber, ob im Notfall sogar ein Blutvergießen unvermeidlich sei, wolle man das Regime der Kommunisten wirklich niederwerfen und besiegen. Giedryc rechnete tatsächlich mit Hunderten von Toten, war er doch 1926 auch Zeuge des Maiputsches des Marschalls Józef Piłsudski gewesen, bei dem mehr als 400 Menschen umkamen. Der Jakobiner-Terror geschah auch und sogar vor allem im Namen der Utopie, die einen sozialen Fortschritt brachte: Vieles, was wir heute als selbstverständlich erachten, verdanken wir der Utopie jener Revolution, und das betrifft eben nicht nur die

Säkularisierung und Trennung der Staatsgewalten und die Verfassung, sondern auch den Alltag, in dem es um Frauen- und Kinderrechte ging, um das Wohnen und Ernähren, um die Rechte der einfachen Bürger, der Schwachen und Benachteiligten.

Einer der gängigsten Vorwürfe an die Linken ist, vor allem unter rechts orientierten Politikern, dass sie sich nicht bewusst wären, welchen Terror ihre »Väter«, die Jakobiner und Stalinisten, der Menschheit zugemutet hätten. Ich möchte in dieser Frage Walter Benjamins Essay *Zur Kritik der Gewalt* (1921) heranziehen, der selbst Žižek arges Kopfzerbrechen bereitet, da er einige Mühe hat, Benjamins »göttliche Gewalt« in seiner dialektischen Welt heimisch zu machen, in der die »Diktatur des Proletariats« nicht selten mythisch anmutende Charakterzüge trägt. In *Die bösen Geister des himmlischen Bereichs* schreibt Žižek: »Die Bezeichnung ›Diktatur des Proletariats‹ ist demnach ein anderer Name für die Benjamin'sche ›göttliche Gewalt‹ außerhalb des Gesetzes, eine als brutale Rache/Gerechtigkeit ausgeübte Gewalt – warum ›göttlich‹? ›Göttlich‹ verweist auf die Dimension des ›Unmenschlichen‹; man sollte folglich eine doppelte Gleichung aufstellen: göttliche Gewalt = unmenschlicher Terror = Diktatur des Proletariats. Das ›Göttliche‹ in Benjamins Begriff sollte genau so aufgefasst werden wie in der alten lateinischen Sentenz vox populi, vox dei: nicht in dem perversen Sinn von ›wir tun es als bloße Werkzeuge des Volkswillens‹, sondern als heroische Annahme der Einsamkeit der souveränen Entscheidung.«

Benjamin erinnert in seinem Essay *Zur Kritik der Gewalt* an Niobes Hochmut, der auf den ersten Blick brutal bestraft wird: Apollon und Artemis töten ihre sieben Töchter und Söhne, da Niobe die Titanin Leto, die Mutter der beiden

Exekutoren Apollon und Artemis, beleidigt und ausgelacht hatte, indem sie behauptete, Leto sei armselig, sie habe nur zwei Sprösslinge zur Welt gebracht. Nun, die Annahme, es gehe um eine Strafe, sei der falsche Interpretationsweg, so Benjamin. Er schreibt nämlich in seinem Essay: »Zwar könnte es scheinen, die Handlung Apollons und der Artemis sei nur eine Strafe. Aber ihre Gewalt richtet viel mehr ein Recht auf, als für Übertretung eines bestehenden zu strafen. Niobes Hochmut beschwört das Verhängnis über sich herauf, nicht weil er das Recht verletzt, sondern weil er das Schicksal herausfordert – zu einem Kampf, in dem es siegen muss und ein Recht erst allenfalls im Siege zutage fördert. Wie wenig solche göttliche Gewalt im antiken Sinne die rechtserhaltende der Strafe war, zeigen die Heroensagen, in denen der Held, wie z. B. Prometheus, mit würdigem Mute das Schicksal herausfordert, wechselnden Glückes mit ihm kämpft und von der Sage nicht ohne Hoffnung gelassen wird, ein neues Recht dereinst den Menschen zu bringen.«

Mit der Marx'schen Dialektik betrachtet, würde man wieder bei Žižek landen: und beim Proletariat, das sich, genauso wie die Französische Revolution, im Namen einer gerechten Sache das Recht nehmen dürfe, Gewalt anzuwenden. Dieses Sich-Recht-Nehmen (Naturrecht) zu bestimmten Zwecken, gerecht im Sinne einer Sache und nicht im Sinne der Abschaffung des Falschen, kann aber für Benjamin Gewalt nicht rechtfertigen; er schreibt in seinem kritischen Essay: »Offen bliebe immer noch die Frage, ob Gewalt überhaupt, als Prinzip, selbst als Mittel zu gerechten Zwecken sittlich sei. [...] Die Ausschaltung dieser genaueren kritischen Fragestellung charakterisiert eine große Richtung in der Rechtsphilosophie vielleicht als ihr hervorstechendstes Merkmal: das Naturrecht. Es sieht in der Anwendung gewaltsamer Mittel zu gerechten Zwecken so wenig ein Problem, wie der Mensch

eines im ›Recht‹, seinen Körper auf das erstrebte Ziel hin-
zubewegen, findet. Nach seiner Anschauung (die dem Ter-
rorismus in der Französischen Revolution zur ideologischen
Grundlage diente) ist Gewalt ein Naturprodukt, gleichsam
ein Rohstoff, dessen Verwendung keiner Problematik unterliegt, es sei denn, daß man die Gewalt zu ungerechten Zwecken missbrauche.«

Niobe, der viele künstlerische und literarische Werke ge-
widmet wurden, avancierte im Laufe der Jahrhunderte zu einem beliebten Motiv und die mythische Figur damit auch zu
einer Heroin, ähnlich historischen Personen, wie Robespierre
zum Beispiel, den man doch zugleich als einen Täter und Verbrecher verurteilen könnte (aber als einen genauso schlimmen
wie einen Stalin oder Mao?); die stolze Mutter Niobe hätte
schweigen müssen wie ein Grab, dann wäre ihr auch nichts
passiert, und trotzdem fällt ihr Haupt nicht: Sie bleibt am
Leben und muss ewiglich um ihre Kinder trauern, es ist ein
Schmerz, den eine Mutter kaum aushalten kann. Die Vorstellung, dass Niobe zum ewigen Leid und zur ewigen Trauer
verurteilt worden ist, macht uns ebenso traurig, da wir dank
der den Menschen eigenen *Caritas* mit ihr mitfühlen, obwohl
sie in ihrem Hochmut den Respekt vor anderen Müttern verloren hat. Und trotzdem zeigt Niobes Beispiel, lassen wir alle
mythologisch-psychoanalytischen Überlegungen beiseite, wie
kompliziert die Definition des Rechts ist, das Gewalt legiti-
mieren soll. Robespierre und Stalin haben sich dieses Recht
einfach genommen, während die Bombardierung Belgrads
und damit die gewalttätige Beendigung des Milošević-Re-
gimes durch die NATO 1999 parlamentarisch, konstitutio-
nell und juristisch ein Beschluss mehrerer Regierungen gewesen war; trotzdem werden bis heute kritische Stimmen nicht
leiser, auch dies sei ein Verbrechen gewesen. Und Hiroshima
und Nagasaki oder Dresden?

Aber hören wir, lesen wir, was Marx und Engels in ihrem *Manifest der kommunistischen Partei* von 1848 über die Gewalt und Revolution zu sagen haben: »Indem wir die allgemeinsten Phasen der Entwicklung des Proletariats zeichneten, verfolgten wir den mehr oder minder versteckten Bürgerkrieg innerhalb der bestehenden Gesellschaft bis zu dem Punkt, wo er in eine offene Revolution ausbricht und durch den gewaltsamen Sturz der Bourgeoisie das Proletariat seine Herrschaft begründet.«

Natürlich wird ein konservativer Publizist leicht versucht sein, klassische Begriffe aus dem Marx'schen Repertoire wie die ›Diktatur des Proletariats‹, den ›Klassenkampf‹ oder Zitate aus dem *Manifest der kommunistischen Partei* unter die Lupe nehmend, zu behaupten, Marx und nicht nur Engels verherrliche die Gewalt, oder Marx sei ein Feind der Freiheit, wie es zum Beispiel Sven Felix Kellerhoff[10] tut.

Aber es ist sehr kurz gedacht, was der Publizist und Historiker Kellerhoff Marx vorwirft, denn immerhin konnten Lukács, Althusser, Foucault, Adorno und Marcuse – mehr noch Kołakowski oder Bauman – der Philosophie und Soziologie des Trierers, Exil-Londoners und exzellenten Kenners des 1851 von Louis Bonaparte erfolgreich durchgeführten Staatsstreichs so viel abgewinnen, dass die Dialektik und die Idee der Utopie eine Erfrischung und gewiss auch eine Fortentwicklung erleben konnten, die man im Allgemeinen unter dem Begriff des Neomarxismus zusammenfassen kann. Und dies taten sie, ohne die dunklen Seiten der Aufklärung einfach auszublenden: Auch ihr Scheitern, ihre Verkrüppelung nahmen sie in den Blick – etwa in ihrer Betrachtung der kommunistischen oder faschistischen Regime des 20. Jahrhunderts. Dies ist die eine Seite. Außerdem muss man verstehen, dass Marx, will man kritisch über die Radikalität im Kontext der Diktatur des Proletariats sprechen, Zeitzeuge dieser

Epoche der totalen Unterdrückung und Ausbeutung der Arbeiter und Bauern gewesen ist – wie fast 2 000 Jahre früher Jesus Christus, der, seine Bergpredigt haltend jedem Menschen seine Würde, seinen Platz auf Erden und im Kosmos zurückgeben wollte, sah er doch, wie Ungerechtigkeit und Grausamkeit wüteten; Christus, die historische Figur, war ja nicht nur Prophet und Reformer des Judentums in Galiläa und Judäa, der römischen Provinz, sondern auch eine Art Katalysator zwischen den dunklen Zeitaltern und der Moderne, als wäre er einer der ersten Sozialisten.

Wir können uns heute nicht mehr vorstellen, wie grausam die Industriellen und die Bourgeoisie im 19. Jahrhundert einfache Leute von der Straße, Arbeiter und Bedienstete, behandelt haben – wenn wir auch genügend ausgezeichnete psychologische Zeugnisse davon besitzen, literarische Meisterwerke aus Frankreich, Deutschland und Polen. Wir haben wie immer, geht es uns einmal besser, das Elend verdrängt und in den Schulbüchern eingeschlossen – vergessen. Zum Glück gibt es die Romane *Germinal*, *Die Elenden* oder *Das gelobte Land*. Die heutigen Konservativen, die liberalkonservativen Christen, geschweige denn die Rechtskonservativen, verstehen nicht, dass man sie genauso an den Pranger stellen könnte wie die postkommunistischen Linken, die die Nachfolger der SED oder der PZPR (in der Volksrepublik Polen) waren oder teilweise immer noch sind. Solche Rechnungen und Zusammenstellungen gehen nicht auf, denn angesichts der Verbrechen, die Europäer allein während der Kolonialzeit begangen haben, müsste man logischerweise alle heute lebenden Europäer, auch wenn sie Atheisten sind, ständig angreifen und ihnen zuschreien, ihr seid Nachfolger und Nachfahren der Täter, der Großinquisitoren. Die Deutschen wissen am besten, wovon hier die Rede ist.

Ich möchte keinesfalls – damit wir uns richtig verstehen – den Terror der Jakobiner oder des Stalinismus als eine historische Notwendigkeit darstellen oder gar verharmlosen. Terror ist Terror, da gibt es nichts zu verbrämen. Aber ich bin davon überzeugt, dass der Kommunismus und der Katholizismus, in dem ich aufgewachsen bin, einen Staat gebildet haben – ein Reich und eine Einheit, da beide Ideologien nur auf eines aus gewesen sind: Erlösung, das heißt Eschatologie, im marxistischen Sinne die Erreichung des Kommunismus, der totalen Gleichheit und Freiheit, und im katholischen Sinne die Rückkehr zum ewigen Leben im glücklichen und unendlichen Reich Gottes. Insofern schenkten mir gleich zwei Utopien ein geistiges und materielles Zuhause, das sich dann zu einer Metaphysik zusammenschloss, einer synkretistischen und meiner ureigenen.

Sprechen wir also von der Notwendigkeit der Gewalt, die Marx, wenn möglich, vermeiden wollte, müssen wir auch von der Möglichkeit einer ›Ultima Ratio‹ sprechen, von unvermeidlicher Gewalt, wenn klar wird, dass man ohne deren Anwendung selbst vernichtet werden würde. Ein Beispiel wäre das Hitler-Regime, das mithilfe von Gewalt zu Fall gebracht werden musste. Eine gesellschaftliche Revolution, wie es Benjamin sagt, nehme sich aber das Recht, Gewalt auszuüben. Nur hier gibt es eine Falle: den Historismus, den Glauben an die Erfüllung der Zeiten.

Kritiker des Marxismus vergessen oder bedenken oft nicht mit, dass diese Lehre, weil sie von Hegels Idealismus beeinflusst wurde, einen festen Glauben an eine progressive, zum erwünschten Ziel führende Entwicklung der Gesellschaft und der Menschheit vertritt und propagiert. Gleichheit und Freiheit und damit die Aufhebung der Klassenunterschiede beziehungsweise der Armut und der Erniedrigung können nach dieser Lehre nicht nach einer einzigen, schnell durchgeführten Revolution erreicht werden. Das heißt, dass die Frage danach, ob Gewalt und Marxismus zusammengehören, immer nur an die Anfänge, den revolutionären Umsturz gestellt werden kann, sie aber keinesfalls zu jenem politischen System, das darauf folgen soll, gehören darf. Selbst wenn Gewalt also als »Ultima Ratio« eine Voraussetzung für die Etablierung des Marxismus sein kann, ist der Vorwurf, der marxistischen Linke gehöre Gewalt notwendig zu, falsch. Die Historikerin Helga Grebing schreibt dazu völlig richtig: »[…] die gewaltsame Revolution war zwar die voraussichtlich unvermeidbare, aber nicht die notwendige Form der sozialistischen Umwälzung. Das Merkmal der proletarischen Revolution war deshalb nicht die eruptive Gewaltsamkeit, die das Kennzeichen bürgerlicher Revolutionen gewesen war, sondern die beschleunigte Bewegungskraft innerhalb eines langwierigen Entwicklungsprozesses.« [11]

In der Volksrepublik Polen sprachen wir oft davon, dass der Sozialismus die besten Vorhaben und Ziele habe, die man sich vorstellen könne, aber er sei schlicht noch nicht realisierbar, da der Mensch für solche Form von Gleichheit und Freiheit nicht reif sei; er sei nach wie vor gierig und es werde sich immer einer finden, der seinen Nachbarn werde übertrumpfen wollen, um noch reicher zu werden, noch mehr Anerkennung zu ernten.

Wichtig ist also, sich immer wieder vor Augen zu führen, dass sich meine Herangehensweise an die Frage nach »der Linken« sowohl an den theoretischen Ursprüngen – mithin demjenigen, was ich als wiederzuentdeckende Kraft zeigen möchte – als auch an meinen Erfahrungen mit dem Realsozialismus abarbeitet. Was meine ›gelebte Erfahrung‹ sowie den Versuch, die Bestandteile dieser Umsetzung zu begreifen, betrifft, so war insbesondere die Lektüre von Czesław Miłosz'

Verführtes Denken aus dem Jahre 1953 für mich wegweisend. Denn plötzlich begriff ich, dass ich es nicht nur mit einer trübseligen, bösen Kraft und einem zu allem fähigen Regime zu tun hatte, sondern auch mit einer Ideologie, einem vergifteten Denksystem, in dem man, wenn es nötig war, mit Gewalt arbeitete, um das ersehnte Ergebnis herbeizuführen: die Aufrechterhaltung des Sozialismus im sowjetischen Einflussbereich. Ich musste Hegel lesen, um zu verstehen, was Miłosz meinte, wenn er in seinem Buch das Verhalten seiner intellektuellen Freunde analysierte und vom »Hegelianischen Bienenstich« sprach. Er meinte damit die Versuchung, in die man geriet, wenn man sich vom Historizismus und von der kommunistischen ›Eschatologie‹ verführen ließ und daran glaubte, dass sich das Individuum der ›historischen Notwendigkeit‹ beugen müsse. Miłosz stellt nicht nur dar, wie kompliziert und tiefgreifend die Verstrickungen der Intellektuellen in die Parteigeschäfte und die kommunistische Ideologie waren, allein um zu überleben. So bekundeten viele auf der Straße ihre Konformität mit den Kommunisten und ihrer Ideologie, zu Hause jedoch lebten sie im inneren Exil, in ihrer Bibliothek und in ihren Manuskripten, die niemals gedruckt würden. Er zeigt auch, dass manche Zeitgenossen dem Glauben erlagen, der Marxismus werde früher oder später notwendig siegen, aber spätestens nach dem Prager Frühling war klar, dass sich viele selbst belogen hatten. Die Umsetzung und die Theorie standen also im Sozialismus und insbesondere im Stalinismus im ständigen Widerspruch zueinander, der uns dazu zwang, beides – die Realisierung und die Theorie – unaufhörlich zu überprüfen.

Lukács arbeitet aus Marx etwas sehr Wesentliches heraus, er ist sich nämlich der Tatsache bewusst, welchen wichtigen Unterschied es zwischen dem Wollen und dem tatsächlichen Zustand gibt, lässt man sich vollständig auf den Marxismus

ein. Er versteht, dass die Utopie eine enorme Energie frei-
setzt, die überhaupt erstmal eine Handlung ermöglicht, die
wiederum eine starke politische Ideologie in Bewegung setzen kann, aber er versteht zugleich, dass die Freiheit, die
marxistisch erhoffte Freiheit, an die faktischen Gegebenhei-
ten gebunden ist, an den historischen und gesellschaftlichen
Status quo. An dieser Stelle wird klar, warum es meines Erachtens zwingend die Dialektik braucht, um der Wirklichkeit begegnen zu können. Erst durch die strikte Ablehnung
eines unveränderbaren Status quo oder auch unaufhaltba-
ren Prozesses kann man sich emanzipieren und für Neues
Platz schaffen. In seinem Aufsatz[12] über den Bolschewismus
und die moralischen Probleme schreibt Lukács klarsichtig:
»Zur Verwirklichung der wahren Freiheit aber ist das Wollen einer demokratischen Weltordnung notwendig, die über
die soziologischen Feststellungen und Gesetzmäßigkeiten hi-
nausgeht und aus diesen nicht ableitbar ist. [...] Dieses Wollen macht nämlich das Proletariat zum sozialistischen Erlö-
ser der Menschheit, und ohne dieses Erlöser-Pathos wäre der
beispiellose Siegeslauf der Sozialdemokratie nicht vorstellbar
gewesen. [...] Obwohl Marx diesen geschichtsphilosophi-
schen Vorgang – daß nämlich das Proletariat, für seine eigenen Klasseninteressen kämpfend, die Befreiung der ganzen
Welt erkämpfen wird –, nach der Hegelschen ›List der Vernunft‹ konstruiert hat, wird es im Augenblick der Entscheidung – und der ist jetzt da – unvermeidlich, den Unterschied
zwischen der seelenlosen empirischen Wahrheit und diesem
menschlichen, utopischen Wollen zu beachten.« Diese Zeilen,
geschrieben, wie gesagt, 1918, sind heute bestechend aktuell.
Denn was der Linken heute vollkommen abhandengekom-
men ist, ist nicht das Wollen per se, der pragmatische Wille
sozusagen, sondern das mystische, utopische und im Prinzip
irrationale Wollen.

Die Linke sollte sich schämen, denn eine junge Frau aus Schweden, Greta Thunberg, zeigt ihnen, wie wirksam und entscheidend das Wollen sein kann. Der fatale Fehler ist, wenn man die Linke kritisch betrachtet, dass man meistens ihren philosophischen und ontologischen Geist vollkommen ausblendet. Marx lässt sich aber nicht im Museum des 19. und 20. Jahrhunderts einkerkern, weil die Volksrepublik Polen und die Sowjetunion oder die DDR an der Dummheit, Gleichgültigkeit und Machtgier der Regierenden, die blutige Regime geschaffen haben, gescheitert sind. Denn daran sind sie zugrunde gegangen, nicht an den theoretischen Grundpfeilern, der Utopie und der Dialektik, auf denen sie erbaut worden sind. Sie sind es vielmehr, die der Linken wieder zu Kraft und Stärke – vielleicht gar einem neuen Geist – verhelfen können. Denn die Utopie liebt nur eines: die Sprache der Freiheit, in der sie sich vollends entfalten kann.

Es bleibt die Frage, ob Gewalt zum Neuanfang gehören muss. Wir müssen leider feststellen, dass nahezu allen bisherigen Versuchen einer realisierten Utopie ein Moment der Gewalt innewohnte. Es ist bedauerlich, dass eine Frau wie Ulrike Meinhof dem verführerischen Mythos des linksextremistischen Terrors erlegen ist, aber ihr Land, ihre damalige Bundesrepublik, konnte sie auch nicht halten, tragen, ertragen. Psychoanalytisch, soziologisch und philosophisch lässt sich ihr Weg kulturgeschichtlich selbstverständlich nachvollziehen, gerade im Kontext der Erhebung jener Jahre, in denen erst die von Fritz Bauer initiierten Auschwitz-Prozesse den Deutschen bewusst gemacht haben, dass in Deutschland die Nazi-Vergangenheit nach 1945 lange Zeit unter den Teppich gekehrt wurde und ehemalige Verbrecher sogar hohe Positionen haben bekleiden können.

Aber zugleich, in den Jahren des westeuropäischen Wirtschaftswunders und der auf dieses folgenden 68er-Bewegung und kulturellen Revolution, passierte auch das: Bereits Ende der Sechzigerjahre des vorigen Jahrhunderts hatte die Idee des Proletariats ausgedient – sowohl im Westen wie auch im Ostblock, wo die Arbeiter, die eigentlich regieren sollten, vor Hunger und Wut und Sehnsucht nach dem freiem Wort auf die Straßen gegangen waren und ihr Leben riskierten. So in Polen 1970. So davor in Ungarn und der ehemaligen Tschechoslowakei. Ich will nur sagen, dass in wenigen Jahren, zwischen 1967 und 1969, die Linke im Westen kurz etwas ausgelebt hat, was utopisch war. Und das betrifft auch den Osten, der jedoch erst 1989 tatsächlich aufatmen und seine Utopie – eine konträre auf den ersten Blick, weil gegen den Kommunismus – realisieren konnte (eben dann doch gar nicht konträr zu den Demonstrationen im Westen Ende der Sechziger, sondern für seine Revolution der Befreiung von einem Regime einstehend, aber beide Revolutionen waren zum Schluss einfach nur Revolutionen, hervorgerufen durch den Drang nach mehr Freiheit – und dieser Drang hatte seine Wurzeln in der Utopie; utopisch war es, 1980 in der Danziger Werft zu denken, zum Beispiel, dass der Sozialismus zusammenbrechen und die Sowjetunion sich auflösen würde; man wollte daher wenigstens einen Sozialismus ›erreichen‹, der ein ›menschlicheres Gesicht‹ haben würde …).

Diese Anklänge von Utopie werden oftmals einfach vergessen, und das scheint mir ein zentrales Problem der Linken zu sein, die auf diesem Weg ihre Identität verloren haben: Es ist sehr leicht, sich auf den Marxismus zu berufen, ich meine: sich auf ihn einzuschießen, ihn zu zerlegen, zu vernichten, indem man in seinem Namen mordet und spioniert, Imperien aufbaut und Menschen einschüchtert. Im Anschluss kann man dann das ganze Projekt negieren oder sich eben aus Opportunismus hinter der Propaganda verstecken, die sowieso großartige sozialistische Heimat und den Nationalismus, den

Marx im Prinzip verbietet, geschickt dem »Proletariat«, dem Volk, unterjubeln. So schnell, so gedankenlos, so voreilig urteilt man heute über ein ganzes Jahrhundert, das Hegelsche und Marx'sche 19. Jahrhundert, das doch keine Mär geboren hat, sondern dem Menschen tatsächlich eine Freiheit, ein Zuhause, eine Identität geben wollte.

Dieser Versuch ist sowohl in seinem Scheitern als auch in seinen fruchtbaren Momenten kein Werk von Außerirdischen oder Göttern oder Geheimlogen gewesen – es ist ein Aufstand der weiteren Emanzipation des Menschen gewesen, tatsächlich im Sinne der Aufklärung. Das Scheitern dieses Aufstands sagt aber nichts, rein gar nichts über den Marxismus aus – es zeigt lediglich die wunderbarste Schwäche des Menschen, dass er Ideen, das Geistige, nicht zufriedenstellend materialisieren kann. Es kommt immer zum Verrat an einem der beiden Pole, zur Überbetonung des Materiellen oder des Geistigen. Und beides habe ich systempolitisch erlebt, sowohl im Sozialismus als auch im Kapitalismus. Jeanne Hersch hat zum Glück wie immer recht, wenn sie über den Menschen sagt, er sei eben beides in einem, aber niemals nur das eine oder das andere. Niemals in erster Linie nur Geist, in dem das Fleisch, oder nur Fleisch, in dem der Geist wohnt. Gerade dieser Widerspruch zwischen dem Geistigen und Materiellen ist es, den der politische, realsozialistische Marxismus aufzulösen versucht hat – nachdem ihn Hegel nicht lösen konnte, heißt es schon bei Marx.

Das, und nur das, habe ich aus meiner sozialistisch-kapitalistischen Erfahrung wirklich begriffen, als eine sehr kostbare Erfahrung auf meiner eigenen Haut sozusagen, und das ist schon sehr viel. Denn das kommunistische Regime zwang uns ständig zum kritischen Nachdenken – einerseits, andererseits zum Träumen von Freiheit und einem besseren Leben. Aber der absurde realsozialistische Alltag vermittelte uns das Gefühl, in einem grotesken Staat zu leben, wo man sich täglich mit sinnlosen und hausgemachten Problemen herumschlagen und wo man sehr kreativ sein musste; vermutlich sind das auch die Gründe, warum wir uns in Osteuropa trotz der Armut, Perspektivlosigkeit und des grauen Alltags als den Menschen im bequemen Westeuropa geistig Überlegene vorkamen.

Als ich 1985 in die BRD kam, atmete ich endlich tief durch, da mir die Kombination aus Nationalismus und Realsozialismus in meiner Volksrepublik Polen das Leben dort schwer gemacht hatte. Diese theatralische Propaganda tagtäglich in der Schule, in den Fabriken, in den Institutionen, in den Medien, in den Erholungszentren, dann überall die Devotionalien des Sozialismus und des Vaterlandes, die Plakate und Denkmäler, die Parteigebäude und die Milizreviere, die grauen faltigen Gesichter der Halbgötter – unserer Parteisekretäre – auf den eingerahmten Fotos. Ich hasste die Rechten innerhalb der Linken, die in Polen regierten, denn sie waren kommunistische Nationalisten, die das Vaterland als eine sozialistische Bastion im Kampf gegen den Westen und den Revisionismus der BRD anpriesen. Ihre öffentlichen Reden und Texte waren unerträglich pathetisch, sie wirkten auf mich wie Betäubungsspritzen beim Zahnarzt, man war paralysiert und wollte doch vor Schmerzen weiterhin schreien.

Ja, und es stimmt wirklich, ich habe die sozialistische Heimat, das sozialistische Vaterland gehasst, aber nicht Polen. Auch nicht Russland oder Ostdeutschland, aber die mordende Sowjetunion, die DDR und die Volksrepublik Polen als Regime schon – ein Hass, der aus tiefster Abneigung gegen alles Autoritäre, Kleinbürgerliche und Konservativ-Provinzielle entstand. Wir wurden damals im Ostblock im Prinzip von solchen Zeitgenossen (und Geistern) regiert, die im Namen

der politischen und »privaten« Macht sogar Mord in Kauf genommen hatten; es gab viele Psychopaten, kaltblütige Funktionäre und Lügner, die vor nichts zurückschreckten.

Ich habe sie auch gehasst, weil sie vorgaben, eine Utopie,
eine *linke* Utopie, zu verwirklichen, dies aber nicht taten. Es
wäre ein Fehler, den einfachen Schluss zu ziehen, dass das nun
heißen muss, linke Utopien seien per se dem Untergang ge-
weiht; vielmehr muss wieder bewusst gemacht werden, was
eigentlich die Ideale linker Gesinnung sind, für die weiterhin – und, so scheint es mir, *gerade* heute – gekämpft werden
muss. An dieser Stelle möchte ich ein Dilemma diskutieren,
auf das Lukács hinweist[13]: »Wenn die Gesellschaftsordnung
ohne Klassenunterdrückung, die reine Sozialdemokratie, nur
Ideologie wäre, würde hier auch kein moralisches Dilemma
existieren. Aber dieses entsteht eben dadurch, daß das wahre,
endgültige, alles entscheidende und krönende Ziel des Kampfes für die Sozialdemokratie darin besteht, durch den Klassenkampf des Proletariats jeden weiteren Klassenkampf unmöglich zu machen und eine Gesellschaftsordnung zu schaffen,
in der er nicht einmal in Gedanken vorkommen könnte. Die
Verwirklichung dieses Ziels steht jetzt verlockend nahe vor
uns, und eben daraus das moralische Dilemma. Entweder
werden wir diese Möglichkeit ergreifen: dann müssen wir uns
an die Seite des Terrors und der Klassenunterdrückung stellen; denn jetzt tritt die Klassenherrschaft des Proletariats in
Erscheinung (allerdings wird diese letzte, skrupelloseste, un-
verhüllteste Klassenherrschaft sich selbst und damit alle Klassenherrschaft vernichten). Oder wir wollen die neue Welt mit
neuen Methoden, mit Methoden der wahren Demokratie auf-
bauen (die wahre Demokratie hat bisher als Wirklichkeit noch
nie existiert, nur als Forderung). Dann kann aber geschehen,
dass die Mehrheit der Menschen diese neue Welt noch nicht
will, und wir müssen, da wir gegen ihren Willen nicht über

sie herrschen wollen, so lange warten, bis die Menschheit von sich aus das zustande bringt, was wir schon immer erstrebt und als einzig mögliche Lösung erkannt haben.«

Ein langes, aber ein notwendiges Zitat, um zu zeigen, warum mir Lukács' Gedanken so zentral scheinen. Er ist an der vordersten Front des Realsozialismus aktiv gewesen, genauso wie Zygmunt Bauman, der ja erst 1968 Polen verlassen musste (aus bekannten Gründen damals, tobte doch in der Volksrepublik der Ausreiseterror gegen Polen jüdischer Herkunft, initiiert durch Moczar und Gomułka, die polnische Arbeiterparteispitze), doch weder Adorno, noch Benjamin oder Foucault, und auch nicht Rudi Dutschke, haben je die Macht des »Hegelianischen Bienenstiches« so erlebt wie der Neomarxist aus Ungarn und der polnische Jude und Exilant aus Leeds. Das moralische Dilemma, von dem Lukács schreibt, wurde jedoch nicht mit der Revolution in Russland oder mit der Einführung des Kommunismus im Ostblock nach 1945 beendet, im Gegenteil, es wurde immer größer, da im Namen der Ideologie, der Partei wie auch der sozialistischen Zukunft allen Gegnern und Kritikern das Schlimmste drohte: der Tod.

Wie also stellt sich Lukács die Machteroberung vor, um im Folgeprozess, im marxistischen Dominoeffekt, die(se) Macht vollkommen zu vernichten und Freiheit zu erringen, totale, heiß ersehnte Freiheit? Er zwingt das Proletariat eigentlich in die Wahl: entweder man stellt sich an die Seite des Terrors, der Klassenunterdrückung, und beendet mit Gewalt den Spuk, oder man wartet, bis die Früchte reif sind, und pflückt sie dann – dann allerdings in solchen Zeiten, da jedem klar geworden sein werde, dass der Wille der Menschen respektiert werden müsse. Das heißt, Lukács lässt zu, dass es diesen Notausgang geben dürfe. Man müsse warten können, sei doch die Hauptidee des Marxismus, dass man jedwede Unterdrückung in der Machtausübung vermeiden könne. Diesem unerträglichen Dilemma der Linken – warten oder nicht warten darauf, bis sich die Gesellschaft erbarmt und von allein begreift, dass nur der Marxismus eine gerechte Welt zu schaffen imstande sei – kann man allerdings nur mit »negativer Dialektik« begegnen, weil sie zumindest die theoretische Möglichkeit bietet, seine eigene Position infrage zu stellen, so auch die Ziele, die sich der Marxismus, auch der institutionalisierte, gesteckt hat.

Die Auflösung des Proletariats im Zuge der sozialen Marktwirtschaft hat meines Erachtens Bauman am treffendsten beschrieben. Als alter Sozialist war er zugleich durch und durch ein klassischer Soziologe, und seine Diagnose, dass der Mensch im Rahmen der ›Verdinglichung‹ selbst zum Produkt geworden sei und im Namen der Sicherheit sogar seine Freiheit aufgeben wolle, ist vollkommen richtig. Das ist sehr wichtig, weil ich Lukács und so vielen anderen Neomarxisten in einem Punkt nicht traue: Die Inkarnation des Hegelschen Idealismus im Körper eines Arbeiters, der im Namen des Proletariats den Kampf ergreift, seine Unterdrückung beendet und Freiheit für alle schafft – das ist, und das weiß ich aus der Volksrepublik Polen, ein Wunschdenken, ein Mythos. Das zeigt sich auch im widerwärtigen modernen Konsumkapitalismus, der vorführt, wie leicht das Volk manipulierbar ist, wenn man es mit scheinbaren Privilegien versorgt. Die dauerhafte Beschallung durch die Entertainment-, Werbe- und Konsumindustrie lenken von den gesellschaftlichen Grundfragen ab und erschweren auf diese Weise den gemeinsamen Kampf für eine gerechtere Welt. Dabei wächst die Kluft zwischen Arm und Reich, und die kleine Gruppe der Reichen wird stetig noch reicher: Die statistischen Zahlen sind alarmierend. Wenn man nach ihnen ginge, ist die Erdbevölkerung insgesamt erschreckend arm, und die Anzahl der

Armen wird stetig größer, was im krassen Gegensatz zu unserem technologischen, medizinischen und sozialen Fortschritt steht. Das geht zumindest aus den Berichten der Menschenrechtsorganisation Oxfam hervor. Das weltweite Finanzvermögen, über 80 Prozent, gehört wenigen: nämlich 0,1 Prozent unserer Weltbevölkerung.

Man könnte annehmen, heutzutage sei schlicht und einfach keine Zeit für eine Utopie, geschweige denn für die Marx'sche Soziologie, da das Volk sich mit Zuständen auseinandersetzen muss, die oft gar die Vorstellungskraft unserer Politiker, Wissenschaftler, Künstler, Musiker und Schriftsteller übersteigen. Und zwar nicht deshalb, weil uns epistemologisch endlich klar geworden ist, wie hanebüchen es ist, immer größere, einzig auf Wachstum ausgerichtete Systeme zu entwickeln, damit es uns allen besser geht, sondern deshalb, weil wir nun alle mit unserem Latein am Ende sind, denn wir beanspruchen unseren Planeten so maßlos, dass er sich lebendig zurückmeldet und uns Tag für Tag mehr und mehr die Leviten liest.

Es ist deshalb kein Wunder, dass jemand wie Greta Thunberg den Regierenden hasserfüllte Blicke entgegenschleudert, die nach wie vor nicht begreifen, dass wir vor einer hausgemachten Katastrophe ungeheuren Ausmaßes stehen. Als Marx, verarmt, seine Texte schrieb, begriff auch niemand seiner Zeitgenossen, global betrachtet, dass er damals recht hatte und dass sich die Situation der Arbeiter dringend ändern musste. Stattdessen ist im Realsozialismus entstanden, was Marx nie wollte: eine Ideologie, eine neue Glaubenslehre zusammen mit einer Elite, die diesen Glauben hütete. Einen Sozialismus, der der Marx'schen Lehre entsprach, hatte es nie gegeben, vielmehr dessen Improvisation von Lügnern und Wahrheitsverkündern. Kritiker aus der Rechten kritisieren also meistens den institutionalisierten

Marxismus und selten die tatsächliche Marx'sche Philosophie und Soziologie.

Heute ist aber etwas noch viel Schlimmeres entstanden: eine Glaubens*leere* – dadurch ist das Verlangen nach Sicherheit gestiegen, bewusst und unbewusst. Aus diesem Grunde, weil der gemeine Bürger, eben nicht nur aus dem Prekariat, sondern auch aus der Arbeitnehmer- und Angestelltenschicht mit einem Durchschnittseinkommen, so gut wie nichts mehr hat, womit er in der Zukunft sein Überleben garantieren könnte, ist er anfällig für obskures und vor allem rechts- und nationalkonservatives Denken. Er hat kein Vertrauen mehr in die Regierenden, und die Linke identifiziert er mit den Eliten, die an der Macht sind, und nicht mit der Opposition, mit einem Subjekt also, das ihn und seine Interessen vertreten und schützen würde. Angesichts solch einer politischen Einöde wächst die Bereitschaft, die Demokratie als System infrage zu stellen, weil dieses System, so das Denken dieser Enttäuschten, nur eine Täuschung sei, ein Theater. Das Problem ist, dass die beschriebene Unzufriedenheit mit dem Status quo leider nicht produktiv ist, denn als Ventil für diese Enttäuschung, die ja durchaus eine Kraft entfalten könnte, kommt dialektisches Denken nicht in Frage – leider. Das hieße eben, vielsichtig-vielschichtig denken, nicht nur in Parolen. Stattdessen allerdings wächst bei den Enttäuschten die Bereitschaft zur Gewalt, die in diesem Fall nicht produktiv ist.

Marx aber erkannte den Akt der Gewalt in der Macht des Kapitalisten über den Arbeiter, und in dieser Dialektik ›Kapitalist versus Arbeiter‹ steckte ihm zufolge das Potenzial zur Befreiung und zur Entstehung des Klassenbewusstseins. Lukács erklärt diese Bewusstwerdung schon als den ersten Schritt zu dieser Befreiung, also den Schritt, dass man sich der Klasse, der Dialektik und Diskrepanzen bewusst werden müsse. So könne überhaupt erst der Weg zum Sozialismus langsam eröffnet werden. Im Prinzip sind in unseren modernen westlichen und auch osteuropäischen Gesellschaften die sozio-ökonomischen Unterschiede geblieben, aber nur wenige würden heute noch von ›Klassen‹ sprechen, sondern, wenn überhaupt, dann von Gesellschaftsschichten, von Unternehmern und Arbeitnehmern, was unserem Zeitgeist entspricht. Der Kapitalismus hat uns dazu gebracht, Unterprivilegierung nicht mehr zu erkennen oder, wenn, nicht mehr für eine Veränderung ihrer Lage zu kämpfen, sondern solche gesellschaftlichen Stellungen entweder als Ansporn für Verbesserung anzusehen – ideologisch in der Mär vom Tellerwäscher zum Millionär – oder uns gleich mit unserem Schicksal abzufinden. Die Schuld für eine schlechte Lage ist heute ganz auf das Individuum verschoben. Heutige Gesellschaften haben sich zudem stark von ihren Eliten in der Wirtschaft, Politik und Wissenschaft abhängig gemacht – regierende und kreative Eliten, die Marx abschaffen wollte, natürlich im Sinne der Gleichheit, bestimmen unsere Welt.

Hier tritt abermals der Gedanke an den historischen Materialismus auf, an die Mission der im Klassenbewusstsein erwachten Benachteiligten – der Arbeiter und Kleinangestellten. Eine Revolution gehe ohne Gewalt gar nicht – sie sei sonst keine, heißt es oft etwas rabiat in Historikerkreisen, doch die *Solidarność*-Bewegung zeigte uns im Sommer 1980 das Gegenteil, und dann ausgerechnet im Sozialismus, in dem doch Streiks nicht nur verboten, sondern normalerweise auch undenkbar waren. Sie waren undenkbar, weil es gerade die Idee des institutionalisierten Sozialismus war, dass der Arbeiter permanent nicht nur in Schutz genommen werden, sondern auch mitregieren und mitbestimmen sollte, wie dieser Staat auszusehen hätte: Pustekuchen, muss man in diesem Fall sagen. Er wurde vom Staat umworben, aber nur ideologisch, und für all die sozialen Vergünstigungen musste er einen hohen Pries zahlen: den Preis der Freiheit. Als dann die Wirtschaft nicht mehr dafür sorgen konnte, dass er genug zu essen hatte, weil es plötzlich Lebensmittelrationen gab, ging er endgültig auf die Straße und legte die Arbeit nieder.

In der moralischen Übertreibung und dem totalen Glauben an eine Idee liegt aber auch die größte Stärke – die Stärke der totalen Überzeugung, dass man richtig handelt –, und zugleich, aus dieser Überzeugung resultierend, die größte Gefahr, nämlich die, dass man so endet wie die Bolschewisten und Stalinisten. Das Gleiche betrifft die Faschisten und die heutigen Anhänger verschiedener Verschwörungstheorien und vulgärer wie auch synkretistischer Identitätsbewegungen, deren moralische Ansprüche sehr hochgeschraubt sind, das kritische (nach Hegel negative) Denken – vor allem ein eigenständiges und unabhängiges, das jedem Mensch der Verstand und die Vernunft ermöglichen – wird aber von der Angst vor der Zukunft, von der Wut auf die Regierenden und vor allem von der Vorstellung, eine zur Rettung der Menschheit und Wahrheit dienende Mission erfüllen zu müssen, erfolgreich betäubt. Und das verschließt auch die Tür zu einer Utopie.

Aber der Klassenkampf, der ja ein fester Bestandteil des historischen Materialismus ist, in dem er allerdings nur eine der Anfangsphasen auf dem Weg zur Freiheit und Gleichheit darstellt, setzt dennoch voraus, dass die Gewalt durchaus möglich sein kann; die Notwendigkeit des Terrors, über die auch im *Kommunistischen Manifest* gesprochen wird (durch den gewaltsamen Sturz der Bourgeoisie durch das Proletariat), wird in diesem Fall als ein möglicher Ausgang der Geschichte betrachtet, wortwörtlich, und diesen Weg wählten ja die Bolschewisten – in ihrem Glauben an die Erfüllung des Endziels, der besseren Zeiten, und in ihrer Überzeugung, dass man den unaufhaltsamen Geschichtsprozess sowieso nicht mehr ändern kann. So viel zur Theorie.

Man muss also als Marxist eine höllische Geduld haben, wenn man wirklich vorankommen und den historischen Materialismus wirklich ernst nehmen will. Doch genau an dieser Geduld mangelte es oft den Marxisten, vor allem im Realsozialismus. 1945 war in Polen die Machtübernahme schnell und nicht selten brutal durchgeführt worden – durch die Kommunisten. Und, wie die Historikerin Helga Grebing[14] treffend bemerkt, hat bereits nach dem Scheitern der Pariser Kommune 1871 bei Marx ein spürbares Umdenken stattgefunden. Marx ist jedenfalls desillusioniert, ja wütend, er sagt in einer bemerkenswerten Rede (ich wähle ein anderes Zitat als Grebing): »Der Arbeiter muss eines Tages die politische Gewalt ergreifen, um die neue Organisation der Arbeit aufzubauen; er muss die alte Politik, die die alten Institutionen aufrechterhält, umstürzen, wenn er nicht, wie die alten Christen, die das vernachlässigt und verachtet haben, des Himmelreichs auf Erden verlustig gehen will.«[15]

Die schlimmste Gewalt im sowjetisch vulgarisierten Sozialismus war der psychische Terror, das Gefühl der permanenten Schuld, des schlechten Gewissens, dass man die ideologischen Vorgaben und Erwartungen des Staates und der Partei gar nicht imstande war zu erfüllen, aus welchen Gründen auch immer – was mir allerdings doppelt serviert worden ist, als ich noch in der Volksrepublik Polen lebte. Doppelt deswegen, weil die katholische Kirche im Prinzip mit ähnlichen psychologischen Methoden arbeitete. Man konnte sich aber von diesem psychischen Terror schnell befreien, gewiss, man musste nur glauben, den Glauben an Marx oder Jesus in die Hand nehmen und ihn ausleben; im damaligen Polen gab es nur ein Spezifikum, denn glauben an beide hausgemachten ›Götter‹, in der ganzen Dialektik dieser doppelten

Identität, bedeutete auch, einen Glauben an zwei verschiedene Erlösungslehren zu pflegen: an den historischen Materialismus und das Endziel (Freiheit/Gleichheit) wie auch an das ewige Leben in Jesus Christus. Ein Paradoxon.

Dieses Paradoxon jedoch ist sehr wertvoll, da es uns klarmacht, wie vielschichtig und widersprüchlich der Marxismus ist – er wollte materialistisch die Lage des Menschen verbessern und heilen, bedachte aber gleichzeitig nicht mit, dass, um die zu erreichen, enorme geistige, dem Materialismus widersprechende Kräfte freigesetzt werden müssen. Und das ist auch meine Überzeugung, dass die Linke sich zu diesem Widerspruch endlich bekennen muss, was für sie bedeutet, dass sie über ihren Schatten springen muss. Marx ist doch eigentlich nur eine Inspiration, die der Emanzipation des Menschen dienen sollte, gänzlich im Sinne der Freiheit und Gleichheit, doch gefangen in seiner Epoche, musste er so reagieren, wie er es getan hat, aber für die Zukunft bleiben ja die geistigen Inspirationen des Denkers bestehen: für die Linke – Freiheit und Gleichheit, und diese sollen doch nicht unter den jeweiligen Zeitgeistgegebenheiten oder konkreten philosophischen Imponderabilien leiden, die einer gegebenen Kulturgeschichte entspringen. Nein, was zählt, ist der unbedingte Wille zur Freiheit und Gleichheit, mag auch der ursprüngliche Weg vollkommen gescheitert sein.

Liest man aber Lukács' einflussreichstes Hauptwerk *Geschichte und Klassenbewusstsein* mit einer Lupe und einem Skalpell, stellt man etwas Sonderbares fest: Im Prinzip wird die Überbetonung des Rationalen kritisiert, nämlich die Rationalisierung der menschlichen Arbeit, die Reduzierung des Menschen auf einen Befehlsempfänger, als wäre er selbst bloß eine Maschine. Nur eine Zahl unter vielen anderen Zahlen, die alle ihre eigene Bedeutung und Funktion haben, was sich dann so liest, als wäre Lukács kein Philosoph, Literaturkritiker und Ideenhistoriker, sondern ein romantischer Dichter à la William Blake, in dessen Werk der Mensch im Vordergrund steht, homozentrisch wie bei Dostojewski, wobei deren beider Werke den Menschen in Schutz nehmen – eben wie bei Lukács – vor der übertriebenen Rationalisierung und dem Terror des kalten Verstandes, der keine Empathie zeigen kann. Er schreibt: »Infolge der Rationalisierung des Arbeitsprozesses erscheinen die menschlichen Eigenschaften und Besonderheiten des Arbeiters immer mehr als bloße Fehlerquellen dem rationell vorherberechneten Funktionieren dieser abstrakten Teilgesetze gegenüber. Der Mensch erscheint weder objektiv noch in seinem Verhalten zum Arbeitsprozess als dessen eigentlicher Träger, sondern er wird als mechanisierter Teil in ein mechanisches System eingefügt, das er fertigt und in völliger Unabhängigkeit von ihm funktionierend vorfindet, dessen Gesetzen er sich willenlos zu fügen hat.«

In unserer digitalisierten Algorithmenwelt ist diese Beschreibung erstaunlich aktuell, sie passt wie die Faust aufs Auge, liest man die kritischen Berichte über die Arbeit in den allseits bekannten, globalen Konzernen, deren Namen jeder kennt. Lukács beschreibt also die Rationalisierung als Ursache für einen Zustand, in dem der Mensch zum Ding und zum Willenlosen erklärt wird. Um aber an die (doppelte) Erlösung, von der ich sprach, glauben, um alsdann für sie kämpfen zu können, braucht der Mensch zunächst Bewusstsein. Er muss seine je einzelne Existenz ergreifen, darf also nicht bloß maschineller Teil sein und sich einem Ablauf beugen und einordnen.

Philosophen kritisieren die Überbetonung des Rationalen, benutzen aber rationales Denken, um dies zu tun. Um diesem Zustand also entgegenzuarbeiten, möchte ich die »negative Dialektik« stark machen, denn sie ist eine ungeheure

Waffe. Gerade Lukács hat mir gezeigt, wie wichtig, historisch, politisch und produktiv-kreativ betrachtet, das kritische Denken im Rahmen der Dialektik sein kann; erst durch solches Denken wird man sich seiner Rolle in der Geschichte überhaupt bewusst, was einen stark macht; er sagt, dass der historische Materialismus eigentlich das wichtigste Kampfmittel des Proletariats sei. Wir sind also wieder beim Hegelschen Wollen angekommen, und in dieser Welt wird nichts dem Zufall überlassen, man will alles bewusst gestalten, was im Prinzip in jeder Epoche, zu jeder Zeit verlockend klingen muss.

Intellektuelle aus West und Ost lagen während des Kalten Krieges oft im Clinch: Die einen träumten von einer utopischen Gesellschaft und einem gerechten Sozialismus, die anderen verdammten den institutionalisierten Marxismus und damit auch die institutionalisierte Utopie des Kommunismus, da sie deren Opfer wurden. Diese beiden Betrachtungsweisen als Ausgangspunkt für einen Dialog zu nehmen, könnte sich als fruchtbar erweisen. Erstaunlicherweise wird selten versucht, den Ansatz eines solchen Zusammendenkens und produktiven Austauschs zu verfolgen. Oben habe ich bereits als Beispiel Mouffes Entscheidung erwähnt, sich in ihrem Buch einzig auf Westeuropa konzentrieren zu wollen. Auf diese Weise findet aber gerade kein Zusammendenken der verwirklichten (wenn auch missglückten) Utopie und der theoretischen Utopie statt, das sich aber – davon bin ich überzeugt – für eine gemeinsame Vision linker Kräfte als grundlegend erweisen könnte. Denn hier zeigen sich Theorie und Praxis zum einen als eben jene dialektischen Punkte, die sich scheinbar zu widersprechen scheinen – die umgesetzte Utopie will die Theorie für gescheitert erklären, die theoretische wiederum ihre Umsetzung für fehlgeleitet. Zum anderen aber ist genau hier der Punkt, an dem ein Neudenken der Linken ansetzen muss: In jenem Hin- und Herschwingen zwischen den beiden Punkten muss die neue Utopie gedacht werden, dort muss sie, ganz hegelianisch, erwachsen.

Das Unverständnis zeigt sich auch an einem anderen Beispiel: nämlich darin, dass der Philosoph Andreas Droschl mit den *Visionen an der Bucht von San Francisco* von Czesław Miłosz hart ins Gericht geht, da ihm die intellektuell-kulturgeschichtliche Verachtung unangemessen scheint, die Miłosz gegenüber Amerika als Exilant in diesem Land gepflegt habe[16]: »So wurde Europa für den Exilanten an der Bucht von San Francisco zum Kontinent humaner Detailfülle, Amerika hingegen zum Inbegriff ›ontologischer Anämie‹, nämlich eines Mangels konkreter Einzelheit und des Verlusts des Menschenmaßes.«

Die Frage ist: Können Menschen, die nie im Exil gelebt haben, Exilanten überhaupt verstehen, obendrein, wenn jene aus Osteuropa kommen und die Erfahrung des Nationalsozialismus und Kommunismus sie zum Historizismus gebracht hat, zu der modernen Religion derjenigen, die Ideengeschichte wie Astronomie studieren? Miłosz hat sich ja nicht nur im Stalinismus und im Kalten Krieg eine ›Verbrennung‹ – so sagt man im Polnischen – zugezogen; die Erfahrung, dass alles fließe und vergehe, machte er schon am Fluss seiner Kindheit, dem Nevėžis.

Unvergesslich sind daher die Briefe, die sich Zbigniew Herbert und Miłosz schrieben, da sie offenbaren, wie groß die Missverständnisse zwischen den Exildichtern aus Polen oder Russland und den westlichen Kollegen waren (und oft immer noch sind), die sich also in den Cafés der kontemplativen, idiosynkratischen Kunst des Palaverns hingaben und ihren Schmerz im Alkohol eräänkten – die Welt und ihr »Untergang« kümmerten sie nicht, nur das ontologische Leid des

Individuums zählte, wobei sie noch nie eine Begegnung mit der Weltgeschichte erlebt hatten, wie sie Miłosz und Herbert während des Zweiten Weltkriegs und im Kommunismus erfahren mussten: von Angesicht zu Angesicht mit dem Tod und dem Terror wie auch ideologischer Gehirnwäsche des institutionalisierten Marxismus. Das Selbstbeweihräuchern und das Selbstmitleid ihrer westlichen Pendants stieß sie ab und erschwerte die Kommunikation: Ich spreche hier von solchen Namen wie Allen Ginsberg oder Robert Lowell. In einem Brief an Miłosz im August 1967 schreibt Herbert über ein Dichterfestival in London: »Es hatte hier einen Ansturm von Dichtern gegeben. Ich war auch dort. Kurz gesagt, ein Narzisstengarten. Ich hätte nicht erwartet, dass Amerikaner solche Angsthasen sind. Besoffen und verloren. Ich sage dies aus der Perspektive meiner eigenen Schwierigkeiten, aber sie sind freiwillig so und dauerhaft krank.« [17]

Auf den Punkt gebracht: Herbert und Miłosz werfen den westeuropäischen und amerikanischen Dichtern Jammerei und Selbstgefälligkeit vor, eine gleichsam solipsistische Beschäftigung mit ihrer eigenen Existenz. Egomanisch um ihr Leid kreisend, sähen sie den gesamten Kontext des Daseins nicht, das Kollektive, die Übermacht der Weltgeschichte, in der das Individuum plötzlich verschwindet und zum bloßen Zahnrad wird. Das Beispiel von Miłosz und Herbert, einer ewigen Disputation über Patriotismus, zeigt uns, wie kompliziert das Verhältnis zwischen Ost und West ist – gerade auf dem Feld, wo es um den Umgang mit der Ideengeschichte geht. Deutsche Intellektuelle müssten eigentlich, da sie beide politischen Systeme erlebt haben, als eine Brücke zwischen Ost und West funktionieren, das scheint jedoch schwierig zu sein, gibt es doch nach wie vor zwischen den West- und Ostdeutschen viele Missverständnisse.

Milosz' Historizismus als Erfahrung des Kommunismus muss man natürlich übersetzen: Utopie ist nicht nur der Wille, der Wirklichkeit die Stirn zu bieten, sie ist eine bewusste Kampfansage an die Zeit, an das Vergängliche und Unbegreifliche unserer endlichen Existenz, und zwar wenn schon nicht auf der Suche nach Unsterblichkeit, so doch wenigstens nach etwas Bleibendem und für alle Verbindlichem im Sinne von, ja, erhabenen Ideen und Zielen wie Freiheit und Gleichheit beispielsweise.

Die grundsätzliche Infragestellung des Gegebenen ist die große Kraft der Utopie: Allein die Tatsache, dass sie etwas ändern will, was im Prinzip noch nicht geändert werden kann, setzt die bestehende Wirklichkeit derart unter Druck, dass Änderungen gleichsam automatisch vorgenommen werden, wie eine selbsterfüllende Prophezeiung, wenn sie auch noch weit entfernt sind von der eigentlichen Idee einer erwachten Utopie. Kołakowski – noch einmal zur Erinnerung – spricht davon, dass die Utopie »das mystifizierte Bewusstsein der tatsächlichen geschichtlichen Tendenz« sei, und solange sie »geheim«, »individuell« eingeschlossen in der »Sphäre des Geistes« bleibe, »erzeuge sie neue Utopien« und Vorstellungen von »einer Welt«, »wie sie *sein sollte*«. Der Übergang vom Denken zum Handeln, diese Transformation in der Zeit, ist der entscheidende und schwierige Schritt – zumal wegen des paradoxen Umstandes, dass die Utopie eben nur so lange Utopie ist, wie sie unverwirklicht, erdacht, vorgestellt bleibt. In diesem Sinn rennt sie letztlich stetig ihrem Untergang entgegen, der als Erfüllung zugleich ihr Ziel ist. Die Kraft dieses Zustandes gerade ist es, die der Utopie die Fähigkeit verleiht, einen Neuanfang in Gang zu setzen.

Man muss sich klarmachen, dass eine Utopie buchstäblich alles, alle Felder und Bereiche der Politik, Kultur und Zivilisation infrage stellen beziehungsweise einer Prüfung unterziehen kann, so auch die scheinbar festen, weil wissenschaftlich unumstößlichen Wahrheiten. Und diese ihre spezielle Furchtlosigkeit, die keine andere auf Reformen und Erneuerungen ausgelegte Kraft im Kontext von neuen Ideen besitzt, lässt sie Ziele verfolgen, deren Realisierung bitter notwendig ist, wenn es um ein elementares, Neuerungen und Neugeburten hervorbringendes Vorankommen der Gesellschaft geht.

Um ihre Vorhaben aber realisieren zu können, muss die Utopie vor allen Dingen die Vergangenheit verstehen und analysieren, und zwar auf allen vorstellbaren Ebenen: in der Praxis, im Alltag also, auf der Straße, und dann ideengeschichtlich, im Geiste, wo sie als eine umstürzlerische Idee aufkeimt. Ihre subversive Stärke lässt sich deshalb niemals von einem einzigen Subjekt einverleiben und in eine Richtung leiten. Sie bestimmt selbst, wohin die Reise geht, da eine Utopie in keine festgelegten und einseitigen Wahrheiten und Erklärungsmuster gepresst werden kann. Hier zeigt sich, dass die Utopie zwar unmittelbar auf die äußeren Bedingungen, die ihr unerträglich erscheinen, reagiert, doch ihr Antrieb zugleich geistiger Natur ist, also auf Ideen, nicht auf Berechnungen beruht. Aus diesem Grund kann sie sehr kreativ sein, was auch bedeutet, dass sie als ein Produkt des Geistes niemals vergehen kann – in jeder Epoche hat sie eine neue Chance.

Ist sie dann wirklich einmal verwirklicht, ist also eine Welt geschaffen, die der utopischen Idee zumindest nahekommt, ist es entscheidend, dass diese geistige Natur – die ich nicht müde werde zu betonen – bestehen bleibt. Das Streben nach einer besseren Welt, nach einer Weiterentwicklung bis hin zur tatsächlichen Utopie (wenn auch gänzlich nicht erreichbar), darf niemals beendet werden. Die Idee der utopischen Gesellschaft beinhaltet mit anderen Worten das nie versiegende utopische Ideal, das gleich einem Perpetuum mobile immer weiter hin zu mehr Freiheit, Gerechtigkeit, Gleichheit strebt. Mit anderen Worten: Ist ein Zustand realisiert, welcher der Utopie entsprechen soll, so straft die Idee der Utopie ihre eigene Verwirklichung gleichsam wieder Lügen und treibt von selbst über ihre vermeintliche Realisation hinaus. Die Utopie ist also, richtig verstanden, immer die dialektische Einheit von Materie und Geist: die in sich gespannte Einheit ihrer materiellen, praktischen Verwirklichung und ihrer niemals zu verwirklichenden Idee, die immer schon dabei ist, als ein niemals einzuholendes Korrektiv die Wirklichkeit der Utopie auf ihre Gültigkeit hin zu überprüfen. Genau das ist es, was im Realsozialismus einfachhin über Bord geworfen worden ist.

In diesem Sinn ist auch das menschliche Streben nach Unsterblichkeit zu denken: Nicht als ein sinnloser geistiger Akt, weil sie in der Welt der Materie, des Stofflichen und Vergänglichen, nicht erreicht werden kann, sondern als dauerhafte Sehnsucht nach dem Ort des Unvergänglichen, ewig Dauernden, die niemals aufgehoben wird, sondern als ewiger Antrieb dient.

Nehmen wir an, die Menschheit wird eines Tages, in einer fernen Zeit, die Utopie des Kommunismus realisieren, es wird Gleichheit und Freiheit herrschen, eine Regierung wird nicht mehr notwendig sein und die Abschaffung jeglicher Unterschiede, sozialer und den Bildungsstand betreffender Natur, wird vollzogen sein. Selbst dann würde die Dialektik die Voraussetzung für ein weiteres Gelingen bleiben, denn kritisches (negatives, negierendes) Denken bleibt der Antrieb für den Fortschritt und den Schutz von Freiheit und Gleichheit – welche Utopie würde man aber dann in diesem Paradies ersinnen? Müsste dann nicht logischerweise die Utopie eines langen Lebens ohne Krankheiten und Kriege in Angriff genommen werden? Ein Menschenleben, das buchstäblich eintausend Jahre dauert und obendrein in einem ewig jungen und stets gesunden Körper, ist doch eine verlockende Aussicht. Und was würde dann folgen? Die Utopie der Unsterblichkeit? Man braucht jedenfalls handfeste Ziele, konkrete Träume und zündende Ideen, wenn man eine Utopie in die Tat umsetzen will; aber es gibt kein Endziel, eine Utopie gibt sich mit ihrer Realisierung nicht zufrieden, sie wirft sofort neue Fragen auf, sie sucht nach neuen Lösungen, und in jeder Epoche tritt sie neu und voller Elan auf. Sie bleibt die stärkste Kraft der Erneuerung, da sie vielseitig, flexibel und holistisch agiert und nie starr einer einzigen Ideologie und Politik folgt.

Interessant ist in diesem Zusammenhang, was Kołakowski in seinem Buch über Henri Bergson schreibt: »Die von ihm bevorzugte Analysemethode war das, was er ›recoupage‹ nannte: Wenn er versuchte, eine Frage zu beantworten, stellte er zwei vorhandene Lösungen aus entgegengesetzten konzeptionellen Systemen einander gegenüber und fragte dann, an welchem Punkte sie sich kreuzten, das heißt was ihnen gemeinsam war.«[18]

Bergson ist für mich eben solch ein Denker, der holistisch und im Sinne der »negativen Dialektik« gedacht hat – der die spezifischen und singulären Bedingungen und zeitgeistigen Phänomene jeder Epoche und Zeit berücksichtigte, der aber zugleich dem Menschen und dem Universum eine erfüllte, progressive Zukunft einräumte, sofern wir nicht ständig alles nur aus einer einzigen Sicht heraus betrachten würden: als Idealisten oder Materialisten, als Positivisten oder Anarchisten, als Kantianer oder Anhänger eines schöpferischen, geistigen und metaphysischen Universums. Bergsons Philosophie macht uns Hoffnung, dass Fortschritt im Geiste und in der organischen Welt möglich ist und die Zukunft nicht gänzlich den Kulturpessimisten oder Deterministen, dem institutionalisierten Historismus also, überlassen wird.

Neulich, als ich mich nach einer Lesung bei einem Glas Wein über die Linke unterhielt, wurde ich gefragt, ob die Utopie und die Linke auch in der Zukunft überleben würden. Die Zukunft meint in unserem menschlichen Kontext auch solche Zeiträume, die für uns eigentlich unvorstellbar groß und weit entfernt sind, da wir stets die Gesamtheit des Universums vor unseren Augen haben – eines Universums, in dem wir zwar leben, seine Grenzen jedoch nicht abstecken und seine Zeiten nicht übersehen können. Also, die Frage lautete viel bescheidener, ob es zum Beispiel in 500 Jahren immer noch die Utopie und ihr Kind, die Linke, geben werde? Natürlich, antwortete ich, ohne lange zu überlegen. Und zwar deshalb, weil nicht die Politik, das Politische, die Linke entscheidend definiert, sondern das Philosophische und Soziologische: die Dialektik, die Negation der Wirklichkeit, und das Bewusstsein für soziale und psychologische Konflikte. Moralische und ethische, ontologische und metaphysische Probleme werden nämlich bleiben, mögen wir auch einen technologischen Fortschritt erleben, der uns ermöglichen wird, saubere Energie zu gewinnen oder gar zu anderen, erdähnlichen Planeten zu fliegen, um sie zu besiedeln.

Wer also Marx'sche Philosophie und Soziologie auf die Geschichte des DDR-Regimes, den Marxismus-Leninismus und den Stalinismus aus Polen, Ungarn, Rumänien und der Tschechoslowakei jener Epoche reduziert, hat von der Ideengeschichte des 19. und 20. Jahrhunderts nichts begriffen. Und wer hätte das gedacht, dass wir in solch einem Moment leben würden, da – um einige Zeilen aus einem Gedicht Miłosz' zu zitieren – »der Gott der felsigen Gipfel und Donner, / Gott der Heerscharen, Kyrios Zebaoth, / Die Menschen aufs härteste demütigt / Indem er sie – und zwar wie es ihnen beliebt – handeln/Und Schlussfolgerungen ziehen lässt, ohne dabei etwas zu sagen.«[19] Zwischen Meinung (doxa) und Wissen/Erkennen (episteme) wird heute leider oftmals nicht mehr unterschieden, doch das ist noch das kleinste Problem – das kleinste Bier, wie es im Polnischen heißt.

II
VOM IMAGINIERTEN
ENDE HER ...

*»Fortschritt ist nur
die Verwirklichung von Utopien.«*

Oscar Wilde in »Der Sozialismus
und die Seele des Menschen« (1891)

In meinem Denken folge ich stets dem Grundsatz: Was bleibt von einer Philosophie, was ist also noch brauchbar, und was muss abgelehnt werden? Oder dem Brecht'schen Antihelden Jim Mahoney aus *Aufstieg und Fall der Stadt Mahagonny* folgend: »Etwas fehlt.« Und was heute fehlt, ist der Glaube an die Utopie, an eine bessere Welt, die wir uns zwar wünschen, aber zugleich versagen und vertreiben, da wir das Gefühl haben, dass solch eine Welt, wie sie in der kultigen Sci-Fi-Serie *Star Trek* ausgemalt wird, nicht machbar, nicht realisierbar ist und unsere Wirklichkeit und unseren gesunden Menschenverstand beleidigt.

Ich trenne in meinem Buch bewusst die Welt der Philosophie von der Welt der Politik. Ich tue es deshalb, um in Bezug auf die Linken zu zeigen, dass ihre Wurzeln vielschichtiger und komplizierter sind, als heute oftmals angenommen. Ließe ich mich auf die Politik ein, bedeutete dies meine Kapitulation vor dem universellen, kritischen, philosophischen, ja kosmisch-fortschrittlichen Geist der Linken. Es ist bezeichnend, was Adorno in dem Zusammenhang über den Existenzialismus und dessen Gang in die Politik schreibt[20]: »Selbst der Jaspers'sche Existenzialismus [...] hat sich von Anbeginn als ›Frage nach dem Sein‹ verstanden; [er konnte] [...], ohne sich untreu zu werden, vor dem sich bekreuzigen, was in Paris, im Zeichen der Existenz, für ihren Geschmack allzu rasch von den Hörsälen in die Keller drang und dort weniger respektabel sich anhörte. Solange freilich Kritik bei der These der Nichtontologisierbarkeit des Ontischen stehenbleibt, ist sie selbst noch Urteil über invariante Strukturverhältnisse, gleichsam zu ontologisch; das war das philosophische Motiv von Sartres Wendung zur Politik.«

Auch hier also wieder die entscheidende Frage nach der Vereinbarkeit von Theorie und Praxis. Was Adorno hier betreibt, ist eine erfolgreiche Demaskierung, eine Demontage, und sie gelingt nur dank seiner »negativen Dialektik«: Konnte der Existentialismus als eine Philosophie wirklich politisch agieren und etwas ändern? Nein, lautet die Antwort von Adorno. Zur Erinnerung sei gesagt: Die Ontologie untersucht das Seiende, also das Ontische, das unabhängig vom Bewusstsein Existierende, was da ist und sich jeden Tag zeigt; das Nachdenken über all das, was endlich und unendlich vorhanden ist, nennt man ontologisch, das Nachdenken über das Ontische; für universelle und sich nie ändernde, also invariante Bedingungen (etwa Geburt und Tod) ist die Ontologie ausgezeichnet, aber was tut man mit ihr, wenn es um gesellschaftliche Phänomene geht, die Tagesgeschäfte in der Politik zum Beispiel? Der Existenzialismus ist in einem Café oder Hörsaal an der Universität schön zu betrachten wie ein wildes Tier im Zoo, doch im politischen Alltag wird er unsichtbar. Sartre wollte aber sichtbar und aktiv handeln – und befand sich also in einem ontologisch-ontischen Spannungsfeld voller Widersprüche.

Bei solchen Umsetzungen, die immer Festlegungen sind, muss man grundsätzlich vorsichtig sein, so auch, wenn man Phänomene beschreibt, definiert, mit Begriffen belegt. Erst die »negative Dialektik«, die kritische Methode, half mir, mein Unwohlsein bei solchen begrifflichen Charakterisierungen und begrifflichen Festlegungen loszuwerden, wobei das auch die Utopie betrifft, wie auch alles andere, jedes andere Phänomen. Denn sobald doch die Utopie konkret definiert wird, »ausgemalt«, wie Adorno und Ernst Bloch in ihrem famosen Rundfunkgespräch von 1964 über die Utopie sagen, hört sie auf, eine zu sein.

Was bedeutet nun die Methode der »negativen Dialektik«? Sie meint die Grundüberzeugung, dass das Philosophieren kein statischer Zustand ist, sondern es vielmehr darum geht, immer aus der Zeit heraus die Begriffe neu zu hinterfragen und zu definieren. Oder anders gefragt: Wofür liebe ich Adornos Denken und Werk? Seine Musik? Er ist nicht Luigi Nono, Krzysztof Penderecki oder Iannis Xenakis geworden, aber seine Kompositionen begleiten mich genauso erbauend und unterhaltend-erhellend wie seine Bücher.

Wie vorsichtig sich Adorno der Utopie und dem Begriff, der sie erfassen soll, nähert, sehen wir an seiner »negativen Dialektik«; bevor wir hier überhaupt einen Schritt nach vorne machen, uns mit dem Rundfunkgespräch zwischen Adorno und Bloch über die Möglichkeiten und Unmöglichkeiten der Utopie von 1964 auseinandersetzen, müssen wir klären, warum Adorno solch ein Skeptiker war, was die Selbstherr-schaft und Selbstständigkeit der Begriffe angeht.

Adorno ist ein Meister des Demaskierens und Entzauberns, er sieht quasi mit seinem Röntgenblick mehr, er schaut in einem Hotel unter den Teppich, ob das Zimmer wirklich sauber ist; er wirft einen Blick hinter den Vorhang und prüft, ob die Vorstellung wirklich ordentlich vorbereitet worden ist. Die Bühne kann verräterisch sein, geht einmal der Vorhang auf, denn wir identifizieren sie als die Bühne, benutzen diesen Begriff und haben bestimmte Erwartungen, die aber durchaus enttäuscht werden können. Mit dialektischem Blick die Utopie denken heißt also, nicht einfach eine Idee unter den Begriff zu bringen, sondern das Ziel, die Vision, immer wieder infrage zu stellen, immer wieder zu diskutieren. Nicht also – ist sie für die Staatsoberhäupter einmal erfüllt – diese einfach festzusetzen und jede Infragestellung zu verbieten und zu bestrafen, sondern sie *anhaltend* der Pluralität auszusetzen. Bei Adorno heißt es: »Ihr Name [derjenige der Dialektik] sagt zunächst nichts weiter, als daß die Gegenstände in ihrem Begriff nicht aufgehen, daß diese in Widerspruch geraten mit der hergebrachten Norm der adequatio. Er ist der Index der Unwahrheit von Identität, des Aufgehens des Begriffenen im Begriff.«[21]

Als Lyriker und Erzähler verstehe ich ihn so, dass das Benennen einer Sache, eines Zustands oder eines Wesens praktisch unmöglich ist, denn sobald etwas oder jemand ein Etikett verpasst bekommen hat, wird das Ungewöhnliche zum Gewöhnlichen und dadurch nicht mehr sichtbar, seine Konturen verschwinden, seine Charakterzüge verblassen – durch das Verordnen einer Identität, unzweifelhaften de facto. Adorno schreibt weiter: »Dialektik ist das konsequente Bewusstsein von Nichtidentität. Sie bezieht nicht vorweg einen Standpunkt.« Mit anderen Worten: Eine realisierte Utopie, die als solche für fertiggestellt erklärt wird, muss das Ende der Idee der Utopie bedeuten. Wir wissen, was Adorno vom Marxismus, wie er in Osteuropa (bis 1989 müsste man sagen) praktiziert worden ist, gehalten hat. Er benennt klar und deutlich die Ursachen für das Scheitern des Marxismus: »Die Liquidation der Theorie durch Dogmatisierung und Denkverbot trug zur schlechten Praxis bei; daß Theorie ihre Selbständigkeit zurückgewinnt, ist das Interesse von Praxis selber. Das Verhältnis beider Momente zueinander ist nicht für allemal entschieden, sondern wechselt geschichtlich.«[22]

Und die Linken, aber nicht nur die Linken, sollten unbedingt ihre Haltung überdenken: Sie sollten sich selbst immer wieder infrage stellen, pausenlos ihre Haltung verifizieren und niemals erwarten, dass nur solche Individuen, die aus gleichem Holz geschnitzt sind, Glück bringen werden. Seid dialektisch, seid negativ gepolt, um der Dialektik willen. Ich will dazu noch einmal Adorno zitieren: »Was nichts toleriert, das nicht wie es selber wäre, hintertreibt die Versöhnung, als welche es sich verkennt. Die Gewalttat des Gleichmachens reproduziert den Widerspruch, den sie ausmerzt.«[23]

Wahre Worte, und leider treffen sie auch bei der Rechten zu und bei all den auf den ersten Blick für ihre Sache hypersensibel auftretenden Identitätsbewegungen unserer Zeit, die den Anspruch erheben, die Wirklichkeit vermeintlich erkannt zu haben und dadurch nicht mehr infrage stellen und diskutieren zu müssen, sondern einfach bekämpfen zu können, als sei diese Haltung alternativlos.

Mit anderen Worten: Selbstverständlich, man darf heute sagen, dass wir in Zeiten leben, in denen der Faschismus eine Wiedergeburt erlebt, da wir die Rückkehr des Autoritären, des Populismus und des Nationalismus überall beobachten können – mal erfolgreich, mal weniger erfolgreich auf der politischen Bühne. Doch solch eine Feststellung, schaut man unter die Haut dieses Phänomens, wird etwas zu leichtfertig gemacht beziehungsweise »gesagt« – leichten Herzens, ruhigen Gewissens … Der Faschismus ist, aber durch den Begriff selbst, in dem er steckt und prächtig gedeiht, ein Gefangener seiner historischen Epoche. Und trotzdem gibt es viel schlimmere, weil elegantere – müsste man sagen – Aspekte des Faschismus, die heute überall auftreten. Er wird kaschiert, unsichtbar gemacht, obwohl er massiv in unser Leben eingreift.

Das permanente Sammeln von Daten und Informationen über uns Menschen, auf den ersten Blick eine harmlose Datenbank, da wir vermeintlich besser kommunizieren und Waren produzieren und verkaufen können, hat eine Dimension angenommen, die uns alle alarmieren sollte. Großkonzerne und Social-Media-Giganten verwalten unsere alltäglichen privaten Geschäfte und verfolgen jeden unserer Schritte, um unserer Bequemlichkeit willen, in unserem Namen also – hier wird jedoch bereits eine faschistische Methode angewandt, die uns gleichmachen und zu kontrollieren helfen soll, protestieren nun seit Jahren etliche sogenannte Systemkritiker und -skeptiker. Doch ihr Protest verpufft schon oft im Moment des Artikulierens – sie entblößen sich selbst, stellen sich selbst an den Pranger, ohne es zu wissen. Sie verraten ihre Identität und lassen niemandem mehr einen Spielraum, zum Beispiel wenigstens eine Lücke oder ein Lüftchen für Kritik. Wendet man nun die Kritische Theorie und Methode der »negativen Dialektik« an, ist keine Identitätsbewegung davor gefeit, ungeschoren davonkommen zu können. Das betrifft also nicht nur die Linke, die #MeToo- oder BLM-Bewegung, sondern letztendlich auch alle Parteien, wie Simone Weil sagen würde – sie alle, die im Kollektiv wirken, pochen auf ihre unumstößliche Identität und verpassen allen Gegnern oder Mitstreitern eine ebenso feste und unumstößliche Identität, deren

Statik kein Fortkommen, kein Hinterfragen oder gar eine Änderung des Standpunkts mehr ermöglicht. Es ist erwähnenswert, dass Michael Serres[24] schon in den Neunzigern vor der Ideologisierung der Political Correctness, die an den amerikanischen Universitäten geboren wurde, gewarnt hat. Die *taz* brachte Anfang Januar 2022 zwei Interviews mit Serres, die Bände sprechen und über 25 Jahre alt sind: »Wir können den ›Krieg jeder gegen jeden‹ vermeiden, der uns, wie man sieht, ans Ende dieser Ideologie führt. Schließlich müssen wir eine erneute Kraft aufbringen, um von dort aus den Versuch zu unternehmen, die Unterschiede wiederzufinden. Und zwar die Unterschiede als etwas, was uns vereinigt. Aber was ist das, was uns wieder zusammenführt? Was ist das Vereinigende? Vor allen anderen Dingen handelt es sich hier um eine Kraft in Bezug auf Rechts- und Moralfragen.«

Eine Utopie ist immer ein Gesellschaftsentwurf, er denkt also eine bessere Gesellschaft *für alle*. Ein Neudenken unserer Gesellschaft ist nur möglich, wenn sie als Ganzes durchdacht wird, wenn sie nicht in Gruppen gespalten wird und sich in Einzelkämpfen zerteilt.

Utopien erdacht wurden schon immer: Die Marx'sche »klassenlose Gesellschaft« ist ja genauso eine Utopie wie die Träume der »Utopier« aus dem Buch von Thomas Morus – sie wollten den Sklavenhandel abschaffen, im 16. Jahrhundert, wenngleich es in bestimmten Fällen durchaus doch noch erlaubt sein sollte, Sklaven zu halten, zum Beispiel ehemalige Schwerstverbrecher … Immanuel Kant entwickelte ebenso eine wunderbare Utopie, er träumte auf der Erdkugel vom »Ewigen Frieden«, obwohl er auf der anderen Seite die Afrikaner als minderwertige Wesen betrachtete im Vergleich zu »weißen« Europäern. Und Rousseau wollte uns in die Natur zurückschicken, in die Arme der guten Mutter

Natur, die in diesem Fall nichts Manichäisches in sich trüge, und da wir in der Post-Freud'schen Zeit leben und wissen, wie groß unsere Sehnsucht nach dem Ozean ist, der Ursuppe allen Seins, wo die Kultur und Regeln und Gesetze nichts zu suchen haben, erscheint uns Rousseaus Utopie zwar liebenswürdig, aber vollkommen unrealistisch. Vielleicht ist sie auch die einseitigste von allen genannten Utopien, und ihren Nachhall kann man in den heutigen Umwelt- und Klimaschutzbewegungen finden, die der Natur allerdings unsere menschliche Sichtweise aufbürden und dadurch diese mythologisieren, denn die Natur ist und bleibt im Kosmos auch eine zerstörerische Kraft, die den Gesetzen des Todes unterliegt. Einseitige Utopien müssen scheitern, sie sind von kurzer Lebensdauer; eine Utopie ist dialektisch per se, ihr Motor die Erneuerung, in ständiger Opposition zur Welt.

»So oder so«, wie Wolf Biermann in seinem berühmten Konzert in Köln von 1977 desillusioniert sagte und sang, so oder so werden früher oder später einige unserer heutigen Utopien tatsächlich verwirklicht werden, der Erfinder der Star-Trek-Sci-Fi-Serie »Gene Roddenberry« dürfte eines Tages bestimmt genauso verehrt oder kritisiert werden wie Kopernikus oder Marx, denn die Menschheit wird in den kommenden Jahrhunderten ihre Saga im Weltall fortsetzen, nur bleibt die Frage offen, ob kapitalistisch, also Ressourcen wie Menschen ausbeutend, oder eben in einer utopischen Gesellschaft, die dem Gesetz des Nichteingriffs in fremde Angelegenheiten und kulturell-technologisch unterlegene Zivilisationen folgen wird, solange das kosmische Gleichgewicht beziehungsweise die Koexistenz mit der Nachbarschaft nicht gestört wird.

Es ist in der Tat eine der schönsten und wahrhaftigsten Utopien: Eine Gesellschaft aufzubauen, die Zivilisationen in ihren jeweiligen Eigenheiten respektieren und weder negativ noch positiv beeinflussen würde. Natürlich, in solch einer

Vorstellung und solch einem Modell steckt die Überzeugung, die der katholischen Kirche immer missfallen hat, dass die (menschliche) Geschichte eine progressive sei, eine, die dem Menschen bezeugt, dass er sich, sollte nichts Schreckliches dazwischenkommen, immer höher und selbstbewusster entwickeln wird, um eines Tages gar die Unsterblichkeit zu erlangen. Auch über diese Utopie, die letzte, nämlich die der Entledigung vom Tod, haben Theodor W. Adorno und sein Freund Ernst Bloch nachgedacht und geschrieben, was ich später noch ein wenig vertiefen werde.

Die Menschengeschichte als stetigen Prozess zu begreifen, in dem sich alles zum Besseren entwickelt, setzt die Abwendung von festsetzenden Begriffen voraus. Mit anderen Worten: Finde solch eine Form des Begriffs, die es ermöglicht, das außer des Begrifflichen Liegende zu beschreiben. Oder: Denke immer daran, dass, sobald du glaubst, ein Objekt oder ein Subjekt richtig oder wahrhaftig benannt und beschrieben zu haben, du es zugleich und gleichzeitig bereits beschnitten, entzaubert und schubladisiert hast.

Ich frage mich, ob der damaligen Linken die Relevanz dieses Konflikts um Hegels Dialektik überhaupt richtig bewusst war; man könnte nämlich den Eindruck gewinnen, schaut man sich die Sprüche der Studenten und des SDS aus den revolutionären Jahren an, die Adorno wie einen dialektischen Teufel und Scharlatan aussehen lassen, der jungen talentierten Menschen den Kopf verdrehen würde, dass der Frankfurter Professor konformistisch-opportunistisch gewesen sei. Das ist jedoch nicht der Fall gewesen, obschon, wie gesagt, der Tenor jener Jahre unmissverständlich war: Anstatt endlich einzusehen, dass nur eine wahre sozialistisch-kommunistische Revolution die westliche Konsumgesellschaft heilen könne, real und endgültig, kommt so ein Adorno und verdreht uns den

Kopf – macht uns kirre, es geht doch um Revolution! Hồ Chí Minh! Hồ Chí Minh!

Adorno ist und bleibt für mich – wohlgemerkt – ein postneomarxistischer Philosoph, der wusste, dass nur ein kritisches Denken über vermeintlich genau Definiertes einen Fortschrift bringen kann, epistemologisch, technologisch, gesellschaftlich und so weiter. Für mich ist seine »negative Dialektik« ein Segen, eine Heilung. Die andauernde Degradierung, unzureichende Beschreibung beziehungsweise Identifikation und totale Definierung, wie jemand oder etwas sei, sind für das Denken sehr ermüdend, und man wird früher oder später das dunkle Gefühl nicht los, man werde betrogen oder verunglimpft, sobald man selbst betroffen beziehungsweise identifiziert, katalogisiert und in die Schublade gesteckt wird, aus der es kein Entkommen mehr gibt. Dies ist der alles entscheidende Punkt in meiner Analyse der Linken: Heute versuchen sich linke Gruppen und Parteien, vor allem dadurch zu profilieren, dass sie Identitäten abstecken und verteidigen, dass sie Selbstverständliches, aus der Verfassung Hervorgehendes, erklären und als Gegebenes verstanden wissen wollen, was ja zugleich anmaßend klingt. Meines Erachtens aber liegt die Kraft der Linken gerade im Gegenteil: Ein linkes Politikverständnis sollte sich gerade dadurch auszeichnen, dass es nicht ausgrenzt und nicht spaltet, dass es verschiedene Meinungen zulässt, dass es die Gesellschaft als Ganzes denkt. Eine Rückbesinnung auf die Dialektik sowie das gemeinsame Denken einer Utopie können hier die entscheidenden Hilfsmittel sein, um erste Schritte einzuleiten und damit aus dieser selbst verschuldeten Stagnation langsam herauszukommen.

Die positive Kategorisierung und Benennung erleichtert uns auf den ersten Blick das Leben, sie hilft uns, durch den Alltag möglichst reibungslos durchzukommen, aber nur auf den ersten Blick; denn wenn sich die Politik einschaltet und plötzlich solche Parteien wie die AfD (im Übrigen: dass solche gut getarnten Postneufaschisten im Deutschen Bundestag sitzen dürfen, ist eigentlich unglaublich), Front National und PiS die Flüchtlinge und die Ausländer für ihre Zwecke instrumentalisieren und in einen Topf werfen, um ihre Wählerschaft bei Laune zu halten und zu füttern, wird es klar, wozu das positive Denken im Sinne der Kritischen Theorie fähig ist. Noch »krasser« wird es, wenn die Rechtsnationalen aus Ungarn oder Polen die LGBT-Bewegung als Gefahr für die Gesellschaft, ja Menschheit, anprangern – es dürfen also keine Zweifel entstehen, dass die der LGBT-Bewegung verpasste Identität absolut korrekt und wahrhaftig sei. Das Feindbild lässt sich auf diese Weise schnell herstellen, und die Feinde werden nicht als respektable Wesen dargestellt, im Gegenteil, das Leben dieser Menschen wird verachtet, nicht als lebenswert empfunden, und da ist der Weg zum Faschismus plötzlich kurz. Adorno schreibt in *Negative Dialektik*: »Entfesselte Dialektik entbehrt so wenig wie Hegel eines Festen. Doch verleiht sie ihm nicht länger den Primat (…), das sich durchhaltende Feste, das ›Positive‹ des jungen Hegel, ist solcher Analyse, wie diesem, das Negative. Noch in der Vorrede zur *Phänomenologie* wird Denken, Erzfeind jener Positivität, als das negative Prinzip charakterisiert. Darauf führt die einfachste Besinnung: was nicht denkt, sondern der Anschauung sich überlässt, neigt zum schlecht Positiven vermöge jener passivischen Beschaffenheit, die in der Vernunftkritik die sinnliche Rechtsquelle der Erkenntnis bezeichnet. Etwas so empfangen, wie es jeweils sich darbietet, unter Verzicht auf Reflexion, ist potentiell immer schon: es anerkennen, wie es ist; dagegen veranlasst jeder Gedanke virtuell zu einer negativen Bewegung.«

Für mich ist die zitierte Passage aus Adornos Hauptwerk überhaupt das Mitwichtigste, was Philosophie epistemologisch und ontologisch nach 1945 hervorgebracht hat. Unser Fehler ist, dass wir in der Tat oft von uns ausgehen und die meisten Dinge oder die meisten gesellschaftlichen Phänomene nicht getrennt von, außerhalb von uns sozusagen, sehen beziehungsweise gelten lassen können, obwohl uns das Denken verschiedene virtuelle, wie Adorno schreibt, Möglichkeiten bietet. Wir vereinnahmen die Welt, besitzen sie, wollen und müssen sie besitzen.

Natürlich, Chantal Mouffe und Didier Eribon erklären uns eloquent, wie wichtig der Populismus auch für die linke Bewegung letztendlich sei, man müsse sich um die Armen und ihre Belange und die sozial schwachen Arbeiter und Arbeitnehmer kümmern, sie zurückgewinnen – Mouffe setzt auf linken Populismus (was auch immer das sein soll, und ich glaube, Hannah Arendt würde ihr gehörig die Leviten lesen), und Eribon erinnert an die François-Mitterrand-Ära, als die Regierenden die meisten Regierten verloren und zu ihnen in einer Sprache gesprochen hätten, die die Regierten sogar beleidigt habe. Etwas Ähnliches, wenn auch etwas zeitversetzt beziehungsweise später, konnten wir in Deutschland beobachten.

Eribons Vater war konservativ, verschlossen und nicht gebildet, mein Vater hatte schon aufgrund seiner Emigration nach Deutschland 1983 Deutsch lernen müssen, wodurch sich seine Horizonte und Kompetenzen, aus der Volksrepublik Polen und der Provinz in Ermland und Masuren stammend, enorm erweiterten. Das Erlernen der fremden Sprache gab ihm die Möglichkeit, über den Tellerrand zu schauen. Aber er konnte sich 38-jährig in der damaligen Bundesrepublik nicht mehr weiterbilden, er musste Geld verdienen und seine Familie ernähren, seine zwei Söhne, die aufs Gymnasium gingen und nach dem Abitur studierten. Es hatte auch lange gedauert, bis meine Mutter ausreichende Deutsch-kenntnisse erwarb und in einer Firma als Kauffrau, obwohl sie Lehrerein war, Fuß fassen konnte – in der Rinderproduktion Niedersachsen; ein weites Feld, ein anderes Kapitel aus unserer Biografie.

Jedenfalls fühlte sich mein Vater, ein stolzer Mann, der mehr als 30 Jahre lang Flugzeugtreppen, Anhänger und Gartengeräte geschweißt hatte, von Gerhard Schröder wie auch von der ganzen Sozialdemokratie verraten und um seine Rente betrogen, als er 2013 in Rente gegangen war. Aber heute reicht es nicht, den Skeptikern, die sich wie mein Vater um ihren Arbeitslohn und ihre Altersversorgung betrogen fühlen, Versprechen auf Besserung ihrer sozialen Lage zu machen und rechts- und nationalkonservative Parolen zu bringen, die an ihr Gewissen und Unbewusstes (Adorno) appellieren; man braucht globalträchtige, sozusagen spektakuläre Versprechen, zum Beispiel: Das Jahr 2015 (als mehr als eine Million Flüchtlinge nach Deutschland kamen) werde sich nie mehr wiederholen, der fremde Mann vor der Tür und am Fenster sei eine Gefahr für die einheimische Bevölkerung und Struktur, er werde nicht mehr kommen, hoch und heilig versprochen.

Wie wir wissen, ist der Populismus eine Spezialität der Rechts- und Nationalkonservativen, aber nicht der Linken, die diesen ablehnen muss, will sie die Utopie nicht aus den Augen verlieren. Der Mensch, ein metaphysisches Wesen, das zum virtuellen und holistischen Denken fähig ist, braucht eine Zukunftsvision, eine Utopie – eine religiöse, eschatologische oder technokratische, egal welche, aber eine Utopie. Die Menschen müssen spüren, dass sie wirklich am Leben sind, dass sie von den Regierenden nicht nur repräsentiert und wahrgenommen, sondern auch geistig und emotional begriffen werden – währenddessen werden sie auf Distanz gehalten, die sie psychisch und intellektuell nicht befriedigen kann;

und so wird man anfällig für Propheten und Systemkritiker. Und für Populisten.

Aus dem Grunde sind Demonstrationen niemals bloß geplante oder spontane Ausdrucksweisen des Protestes der Massen, es sind auch, was Adorno ebenso intensiv beschäftigt hat, kollektive Gefühlsausbrüche und Emotionen, die sich entladen müssen. Wirrköpfe landen anschließend auf undurchsichtigen Web-Seiten, die doch manipuliert werden können, obwohl die Wirrköpfe die Nachrichten der sogenannten offiziellen und anerkannten Medien für manipuliert halten. Esoterisches, Theosophisches und Philosophisches wird oft zu einem Gebräu gemixt, das uns das Verstehen des Unbegreiflichen und außerhalb des Begriffenen Liegenden viel verdaulicher machen soll, als das der Fall ist in den von der Schulwissenschaft offiziell anerkannten Quellen, und das Gängige ermüdet und ist durch seine uralte Identifikation langweilig und unsichtbar geworden. Daher kommt auch bei vielen Menschen das Gefühl auf, man könne bestimmte Politikergesichter nicht mehr sehen.

Doch all das, was hier kritisch beleuchtet wird, sollte über eines nicht hinwegtäuschen: Die Kritiker des Systems mögen es überhaupt nicht, wenn sie kritisiert werden – auf der einen Seite; auf der anderen Seite sehnen sie sich nach einem besseren Leben, und diese Sehnsucht darf nicht infrage gestellt werden, wenn auch ihre Vorstellungen von diesem sogenannten besseren Leben infantil oder gar gefährlich für eine benachbarte Gemeinschaft sind – ich erinnere mich zum Beispiel daran, wie wir im Rahmen des Schriftstellerprotestes gegen die digitale Datensammlung über uns BRD-Bürger unter Anführung der Anwältin und Bestsellerautorin Juli Zeh ins Kanzleramt marschierten, um der Kanzlerin die Kartons mit den zigtausenden Protestunterschriften zu übergeben, und soweit ich mich erinnere, müssen es Zigtausende gewesen sein, die Kartons waren voll und schwer.

Unterwegs zum Kanzleramt wurden wir kurz von einer Gruppe Verschwörungstheoretiker aufgehalten, die uns beschimpften, wir seien doch Künstler, Intellektuelle und Schriftsteller – warum könnten wir uns ihnen nicht anschließen, die ganze Regierung sei doch korrupt, ferngesteuert und so weiter, und wir seien doch intellektuell versiert und kritisch denkende Menschen ... Ich war kurz davor, die aufgebrachten Schreihälse und Skeptiker zu fragen, ob sie jemals das Gedicht *Campo di Fiori* von Miłosz gelesen hätten: Auf der römischen Piazza wurde 1600 der Ketzer Giordano Bruno, der an Leben auf fremden Planeten geglaubt hatte, verbrannt. Und da wären wir schon bei der Frage, ob es gute und böse Utopien geben dürfe: Eine Utopie, die auf Humanität beruht, ist uns willkommen, doch eine, wie sie im Dritten Reich grassierte, Deutschland werde ein tausendjähriges Reich des Wohlstands und der Herrschaft einer höheren Rasse und Spezies hervorbringen – solch eine Utopie ist gar keine gute und damit auch überhaupt gar keine Utopie, sondern eine rassistische Einladung zum Morden.

Das Hauptmerkmal einer Utopie ist, dass sie auf bessere Zeiten und eine glorreiche Zukunft hoffen lässt, in der Falsches und Lästiges, Bedrohliches und Hemmendes verschwindet: Die Kraft der Utopie ist eine aufbauende, helfende, positive und Vorankommen versprechende, denn auch wenn sie nicht realisiert wird, kann man sich ihrer bloßen Gegenwart als eine geistige Idee erfreuen und dadurch Energie »tanken«. Und das Wichtigste: Eine Utopie, was ich eben aus Marx und Adorno herauslese, bedeutet immer eine Zukunft *für alle* und ein Denken der Zukunft in der Dialektik. Erst in diesem gesellschaftlichen Diskurs kann sich die Utopie bilden, ist sie doch auf jede Meinung angewiesen, kritische wohlgemerkt.

S eit mehr als 20 Jahren beschäftige ich mich in meinen
Romanen und auch Gedichten und Essays mit dem
Thema des Heimatverlustes, ein gefährliches und verwirtes
Thema, insbesondere dann, wenn man aus Polen kommt und
im ehemaligen Ostpreußen aufgewachsen ist. Vorurteile jagen
die nächsten Vorurteile, erzählt man seine Geschichte; da ich
aber seit fast zwei Jahren in einem Hotel wohne, staunte ich
nicht schlecht darüber, was Adorno in *Minima Moralia* und
dann noch ausgerechnet in *Asyl für Obdachlose*, einem der be-
rühmtesten Texte aus dieser Sammlung von 1951, schreibt:
»Wer sich in echte, aber zusammengekaufte Stilwohnungen
flüchtet, balsamiert sich bei lebendigem Leibe ein. Will man
der Verantwortung fürs Wohnen ausweichen, indem man ins
Hotel oder ins möblierte Appartement zieht, so macht man
gleichsam aus den aufgezwungenen Bedingungen der Emigration die lebenskluge Norm.«

Die Utopie der Heimat beziehungsweise der Vertreibung
aus dem Paradies und der Sehnsucht nach der Rückkehr zu
»Adam und Eva vor der Sünde« – das ist eigentlich die Suche
nach dem Goldenen Vlies oder anders gesagt: nach dem Ursprung der Menschheit, nach dem glücklichen Paradies. Die
letzte und unerreichbare Utopie, zumindest in unserer Epoche
des Übergangs im Holozän ins Zeitalter der umweltfreundli-
chen Transportmittel und Maschinen, ist eben die der Unsterblichkeit. Es ist daher ein philosophischer und auch ein
metaphysischer Genuss, dem Rundfunkgespräch von Adorno
und Ernst Bloch zuzuhören, das 1964 zum Thema *Möglichkeiten der Utopie heute* beim SWR von Horst Krüger, einem
Heidegger-Schüler, moderiert wurde, und eines der Unterthe-
men dieser faszinierenden Diskussion zwischen den beiden
Urgesteinen und Philosophen ist Heideggers »heterogene De-
terminierung des Daseins«, die Terrorisierung durch den Tod,
das Sein zum Tode; die Utopie der Unsterblichkeit zeigt uns

erst, welche Möglichkeiten wir überhaupt haben, wenn wir die Utopie zu Ende denken. Berauschende Möglichkeiten! Bedenkt man, dass es für uns schwer vorstellbar ist, dass es eines Tages auf diesem Planeten eine Welt ohne Hunger, Krankheit und Armut geben könnte, so ist es noch umso spannender und aufregender, zusammen mit Adorno und Bloch über die Utopie der Unsterblichkeit, nach der sich die meisten von uns sehnen – bewusst oder unbewusst –, nachzudenken. Der uralte Traum vom ewigen Leben, der schon in einer der ersten Dichtungen der Menschheit, nämlich im *Gilgamesch-Epos*, zu finden ist, wäre quasi die letzte Stufe unseres irdischen Abenteuers. Und argumentierend mit Hannah Arendt müsse man über die Besserung der sozialen Lage hinausgehen – nach der Schaffung der sozialen Gleichheit, der Begegnung aller auf Augenhöhe, müsse man den nächsten Schritt wagen: das Ungedachte, gemeinsam Mögliche denken, denn nur solches Denken ist utopisch.

D ie Linke, sprechen wir einmal von der Partei in Deutschland, ist verkommen zu einer Institution, die Problemlösungen anbietet und sich einseitig und nur noch auf das Hier und Jetzt konzentriert – sie verliert ihre Anhänger, sie verliert selbst gegen die Sozialdemokraten, sie wird in diesem Zustand immer gegen die Konservativen und Rechtskonservativen verlieren, wenn sie sich bloß im System der politischen Parteien bewegen wird, also in einem Haifischbecken der großen Volksparteien, wo sie kaum Chancen hat zu überleben, geschweige denn zu triumphieren.

Denn die Linke, sprechen wir wieder von der weltanschaulichen Haltung und Strömung, kann etwas, was andere nicht können, und das ist ihre Stärke: Sie kann absurd erscheinende Aufgaben anpacken und dadurch einen ungeheuren Einfluss auf die Zukunft der Welt und der Wirklichkeit ausüben, weil sie eben die Kraft der Utopie und der Dialektik sowie der Kritischen Theorie nutzen kann. Nehmen wir zum Beispiel die Abschaffung des Geldes, des größten Übels unserer Zivilisation, in der es nur so wimmelt von skrupellosen, macht- und geldgierigen Männern und Frauen, die alles tun würden, um ihre Position zu halten und am liebsten zu verbessern: Solch eine Aufgabe braucht ein utopisches, visionäres Denken und kann durchaus über viele Generationen und Epochen dauern; nichtsdestotrotz ist sie konkret und lösbar.

Ein ganzes menschliches Leben der Vermehrung des Kapitals und dem Konsum zu widmen, ohne dabei die ontologischen Probleme anzugehen, ist für viele Menschen vertane Lebenszeit, eine sinnlose Existenz, und betrachtet man nach der Kritischen Theorie Adornos das Ganze als Ganzes, müssten wir nach einer ganzheitlichen, holistischen Lösung suchen, nach einer gerechten Befriedigung der materiellen Bedürfnisse und zugleich der geistigen, die aus unserer Sehnsucht nach dem Ewigen resultieren. Denn eine Zivilisation aufzubauen, die auf Spaltung beruht: in Milliarden Arme und eine Handvoll Reiche, ist doch, gelinde gesagt, eine fragwürdige Leistung, ethisch und kulturell.

Dabei sind wir in einem Punkt alle gleich: als Sklaven oder gar Geiseln der Materie und des Todes, da wir unfähig sind, den Widerspruch zwischen dem Anorganischen und Organischen zu lösen, wie es Adorno sagen würde; sicher, die Religionen und die Transzendenz und mittlerweile selbst die moderne Physik bieten eine gute Option an, man kann sich zumindest dann ein Leben nach dem Tod vorstellen, an es glauben. Aber nur dank einer Utopie kann die Menschheit über ihren Schatten springen und damit etwas Neues wagen.

Adorno und Bloch sprechen im erwähnten Rundfunkgespräch über Hoffnung und das Ausmalverbot für die Utopie, die stärkste Utopie, die von der Abschaffung des Todes handelt. Doch das Ausmalverbot muss auch für alle anderen Utopien gelten, da die Utopie nur dann lebendig und produktiv bleibt, wenn sie von uns immer wieder neu gedacht und vorgestellt wird – in völliger Freiheit des Geistes, der Gedanken, der Kreativität. Eine durch die Ideologie eines Regimes bestimmte Realisierung, wie sie im institutionalisierten Marxismus-Leninismus zustande kam, schließt das utopische Denken aus, und das ist auch der Grund dafür, warum der Realsozialismus so unerträglich banal und zugleich unbesiegbar wirken musste – vor allem im Zusammenhang mit der Gewalt gegen antikommunistische Regimegegner.

Denn solche Realisierung setzt dem ein Ende, was Utopie bedeutet: das mutige Denken eines Zustandes, der eigentlich undenkbar ist. Wir sehnen uns zwar nach einer glücklicheren, besseren Zeit, doch wir sagen uns meistens, es habe keinen Sinn, diese erlösende Zeit werde sowieso niemals eintreten, es sei nun »utopisch«, also unrealistisch, vergebens, sinnlos, von einem Zustand zu träumen, den man nicht realisieren könne, obwohl wir diesen Traum in uns tragen, zum Beispiel den vom ewigen Leben.

Und nach einer »klassenlosen« Gesellschaft, in der es keinerlei Unterdrückung, keine Armut mehr gebe, sehnen wir uns im Prinzip alle, in unserem Innersten bejahen wir solch eine Gesellschaft, doch wir hören dabei sofort auf unseren Realitätssinn, unseren Drang zum Rationalisieren, und sagen uns, solch eine Gesellschaft sei nur in den Träumen möglich, also sollten wir aufhören, von einem Land, wo Milch und Honig fließen, wo es keine Krankheiten und keine Gewalt gibt, zu träumen, zumal uns die Geschichte lehrt, dass Revolutionen und Kriege ein fester Bestandteil unserer zivilisatorischen Entwicklung sind, obschon es in jeder Epoche Träume vom »ewigen Frieden« gegeben hat und diese in der Zukunft auch geben wird. Es ist, wenn man so will, eine Grundkonstitution des menschlichen Denkens, unserer Psyche also, dass wir uns eine herausfordernde und zündende Idee in den Kopf setzen und keine Ruhe finden können, bis sie nicht realisiert worden ist, wobei hier nicht nur der Wille eine entscheidende Rolle spielt, sondern auch unsere Neugierde wie auch der Drang nach Wechsel, Wende, Erneuerung, und hier sprechen wir von Emotionen und nicht nur von rationalen Einfällen und Lösungen. Eine Utopie hat nämlich auch ein tiefgründiges emotionales Fundament, das bewirkt, dass wir *Caritas* für Unterdrückte und ungerecht Behandelte empfinden.

Ich möchte aber auch Ernst Bloch zu Wort kommen lassen, denn im erwähnten Rundfunkgespräch sagt er einige wesentliche und unprätentiöse Sätze über den Tod und die Hoffnung, ein Thema doch, das seine Philosophie, nämlich das Prinzip Hoffnung, lebendig und kreativ hält. Bloch sagt: »Der Tod stellt in der Tat die härteste Gegenutopie dar. Der Brettschlag am Ende macht mindestens allen unseren individuellen Zweckreihen ein Ende, entwertet also auch das Vorher.«

Etwas bittere Worte! Gibt es trotz solch einer endgültigen Zäsur im Leben jedes Menschen Hoffnung darauf, dass dennoch etwas bleiben mag, was weder dem Hegelschen Weltgeist oder dem christlichen Gott im Wege stehen würde, da das Absolute und alles Durchdringende für das vergängliche menschliche Ich wenig Verständnis aufbringt …? Gibt es also Hoffnung auf die Rettung der Einzigartigkeit jedes Individuums? Was wir am meisten fürchten, ist doch, dass unser Ich verschwindet, wenn wir auch dabei philosophisch viel zu leichtsinnig zugeben, dass dies der Lauf der Dinge sei und unser Tod letztendlich willkommen, da ein ewiges Leben unerträglich wäre. Im Hinterkopf hegen wir allerdings immer die Hoffnung, dass es mehr geben müsse, als wir uns vorstellen könnten. Aber ist die Kraft der Hoffnung unerschöpflich? Nach Bloch und Adorno nicht unbedingt, ja, ihr

Rundfunkgespräch lässt uns die klaren Grenzen der Hoffnung spüren und sehen. Und Blochs Beitrag ist ein wenig desillusionierend, Hoffnung sei das Gegenteil von Sicherheit eines naiven Optimismus, Hoffnung sei nicht Zuversicht, Hoffnung sei enttäuschbar, und egal, was passiere, die Flagge werde am Mast gehisst, auch im Untergang. Aber diese sehr exakte und philosophisch konkrete und sezierende Sicht auf die Hoffnung entspricht meinem Verständnis; ohne Hoffnung könnten wir nicht überleben und schon gar keine Utopien entwickeln – und die Hoffnung ist es, die der Linken die Kraft gibt, für eine bessere Welt einzustehen.

Utopien sind uralt, und wir leben sie auch gelegentlich aus, wie wir es eben können: mit all unseren Sehnsüchten und Gebrechen, mit all unserer Kühnheit und Unermüdlichkeit. Der Flug zum Mond ist der Anfang unsrer Träume von der Eroberung unendlicher Weiten. Bloch weist in dem Rundfunkgespräch darauf hin, dass es ja nicht nur um technologische, technische Utopien gehe und dass solche ja oft nur bedingt realisiert werden könnten. Wir sprechen von der Eroberung der Sterne, schaffen es jedoch nicht einmal, wieder auf dem Mond zu landen oder endlich bemannt zum Mars aufzubrechen, da wir – wir sollten uns nichts vormachen – nach wie vor technologisch noch nicht so weit sind, schnelle und billige Raumschiffe zu bauen, die uns sogar über das Sonnensystem regelmäßig hinausbringen würden. Blochs Hinweis darauf, dass man Utopien nicht auf das technisch-technologische Feld reduzieren dürfe, ist deshalb auch wichtig, da wir als Menschheit vielmehr zu bieten haben. Auch Adorno hat Musik komponiert, moderne klassische Musik, und in dem Debüt Blochs *Geist der Utopie* von 1918 spielt die Musik buchstäblich eine der zentralen Rollen, wobei sein Erstling eine Wiedergeburt des utopischen Geistes nach dem schrecklichen Blutgemetzel in Europa auf den Plan ruft, wenn auch Bloch eine konkrete Utopie in seinem Debüt nicht ›ausmalt‹; doch der Glaube an diese und an den Menschen trotz der Katastrophe bleibt erhalten, genauso wie die Erinnerung an die Zeit vor dem Krieg, an die Kultur vergangener Epochen. Aber muss überhaupt solch eine Katastrophe wie ein Weltkrieg passieren, eine ›kleine‹ Apokalypse eintreten, damit wir utopisch denken, uns eine bessere, neue Welt ›ausmalen‹? Kann Verzweiflung oder Enttäuschung eine gute Mutter für die Utopie sein?

Angesichts solch schwieriger Fragen muss sich die Linke West- und Osteuropas gut überlegen – und sie verfügt ja nicht nur über ein hervorragendes Waffenarsenal –, in welche Richtung sie ihre Reise antreten möchte: Sie fühlt sich nämlich vielen Idealen verpflichtet, neigt allerdings dazu, dem Positivismus und Szientismus zu folgen, anstatt Bergsons Kritik der »positivistischen Erzfeinde« zu studieren, also die Überbetonung des Rationalen kritisch zu sehen, das Metaphysische, das für Bloch nach der Apokalypse des Ersten Weltkriegs eine große Rolle spielte, zu vernachlässigen, genauso wie das utopische Denken. Denn ob man es will oder nicht, Marx'sche Träume von klassenloser Gesellschaft sind phänomenal verwandt mit den sozialen, jedoch zugleich auf Erlösung abzielenden Utopien. Und jede Erlösungsidee, mag sie auch sozialen und intellektuellen Ursprungs sein, ist verwandt mit der Eschatologie einer Religion, für die wiederum die Metaphysik eine Grundvoraussetzung ist.

Es ist auch eigentlich nicht schlimm, dass heute, in unseren Zeiten der Rückkehr des Autoritären, die Linke in Europa von den rechts- und nationalkonservativen Parteien und solchen – meist identitären – Bewegungen, die den Verschwörungstheorien folgen, andauernd beschossen wird, wobei ihr politische Blindheit (Multikulturalität), Heuchelei (»Wasser predigen und Wein trinken«) und Eitelkeit (Belehrungsmanie) vorgeworfen werden. Aus diesem Dauerbeschuss und dieser hemmungslosen Kritik muss man nur die richtigen Schlüsse ziehen: Die europäische Linke, vor allem in Westeuropa, muss ihre Identität prüfen und sich fragen, wer sie eigentlich einmal war und was aus ihr geworden ist. Sie muss wieder die kritische Methode der Dialektik erlernen und den Utopien ihren Entfaltungsraum und ihre -zeit zurückgeben. Sie muss sich dem kritischen Erkennen und Denken widmen. Sie muss sich daran erinnern, dass nur die ständige Erneuerung und Überprüfung ihrer selbst und der Wirklichkeit zu Erkenntnis und Vorankommen führen werden. Sie muss über sich selbst utopisch denken, um nicht in die Falle der Starrheit zu geraten, wo begrifflich Festgelegtes für die Stagnation sorgt, denn, wie Adorno in *Negative Dialektik* schreibt, die »Utopie der Erkenntnis wäre, das Begriffslose mit den Begriffen aufzutun, ohne es ihnen gleichzumachen.« Oder: »Angesichts der konkreten Möglichkeit von Utopie ist Dialektik die Ontologie des falschen Zustandes.« Das heißt des Zustandes, den die Linke nicht ertragen kann.

Bezeichnenderweise gilt man heute nicht nur in rechtspopulistischen, sondern auch in liberalen, linken und linksliberalen Kreisen als schwach und realitätsfremd, wenn man der Utopie oder den Künsten und der Musik und Literatur, erst recht denn der Philosophie, Zukunftsträchtiges und Konkretes abgewinnen will. Denn heute müsse man doch realistisch sein und handeln, handeln und noch einmal handeln angesichts der Tatsache, dass unser Planet eine dringende Erholung von der menschengemachten Verschmutzung braucht, sich jedoch auch noch vor der Überbevölkerung und der Rückkehr des Faschismus in Acht nehmen muss.

Apropos Rückkehr zum Faschismus: 2016, als ich einen ironischen Text auf Polnisch und im Stil des Briefes *J'Accuse …!*

von Emil Zola in der *Rzeczpospolita* publizierte, um den polnischen Nationalkonservativen ein bisschen auf die Füße zu treten, merkte ich schnell, wie mühselig und wenig ergiebig solche Publizistik ist. Die üblichen Angriffe in den Sozialen Medien und die in den rechtskonservativen Blättern, die mir nach der Publikation widerfuhren, waren der einzige Effekt; alle machten einfach weiter, als wäre nichts geschehen, nichts geschrieben worden, und ich musste an Rolf Dieter Brinkmanns mantraartiges Vorwort zu seinem Gedichtband *Westwärts 1&1* von 1975 denken: »Die Geschichtenerzähler machen weiter, die Autoindustrie macht weiter, die Arbeiter machen weiter, die Regierungen machen weiter, die Rock'n'Roll-Sänger machen weiter, die Preise machen weiter, das Papier macht weiter [...].« Und trotzdem darf man sich nicht entmutigen lassen, man muss kritisch bleiben und immer wieder aufstehen: weitermachen trotz des allgemeinen Weitermachens, von dem Brinkmann spricht. Denn diese Mentalität des »Stehaufmännchens« zeichnete auch einst die Linke aus.

In der *Dialektik der Aufklärung*, dem Klassiker, dem die Hamburger Philosophin Birgit Recki kritisch ein »[a]uf der Stelle treten« und »Fatalisieren« beim dialektischen »Umschlagen« ins Gegenteil attestiert[25], schreiben Horkheimer und Adorno nicht nur über Odysseus' Emanzipation und Werdegang als heldenhafter Urvater des kritischen, selbstbewussten und aufgeklärten Abenteurers, der bereits Charakterzüge des modernen, in der postmarxistischen und -freudschen Ära lebenden Menschen trägt, sondern auch über das Versagen der sogenannten Klugen und Bescheidwisser, die den Nationalsozialisten keinen Erfolg zugetraut hätten, weil sie jene für totale Dummköpfe hielten.

Die Geschichte lehrte uns aber in diesem Fall das Gegenteil, die Dummköpfe kamen schließlich an die Macht, und

Horkheimer und Adorno schreiben: »Hitler war gegen den Geist und widermenschlich. Es gibt aber auch einen Geist, der widermenschlich ist: sein Merkmal ist wohlorientierte Überlegenheit.« Wohlgemerkt: Wir sprechen hier von den Zwanziger- und Dreißigerjahren.

Die heutigen Kritiker der Linken, von denen sich einige aus ihr selbst rekrutieren, entdecken also Amerika neu, wenn sie der Linken ein schlechtes Zeugnis ausstellen, und zwar aus dem Grunde, weil sie sich überlegen zeige, intellektuell in hohe Lüfte abhebe und sich in ihrer Hochburg verschanze wie in einem Elfenbeinturm. Ich will dieses Thema an dieser Stelle nicht weiter vertiefen, weil es uns vom Eigentlichen, dem Ganzen, abbringt. Kurz gesagt: Ihre Kritik ist nicht kreativ und produktiv.

B leiben wir also am Ball, denn die Linke, die sich selbst vor allem kritisch betrachten, hinterfragen muss, ist selbst ein Produkt – genauso wie der Faschismus – unserer Moderne, unserer Aufklärung, und folgt man den Unruhe stiftenden Thesen von Horkheimer und Adorno, die ja natürlich in spezifischer Zeit – auf dem Höchpunkt des Kampfes zwischen Faschismus und Stalinismus – entstanden, muss man sich auf das Schlimmste vorbereiten, da das Projekt menschliche Zivilisation auch scheitern kann. Und das eben *trotz* der vermeintlich uns allen wohltuenden Aufklärung, denn sie kann auch Schmerzen bereiten, Fehler begehen und muss sich daher ständig kritisch prüfen, wenn sie ihren positiven und der Humanität dienenden Weg fortsetzen will.

Im Prinzip ist dieses Lied uralt – die Entdeckung, dass Odysseus über ein geniales Instrumentenpaar verfügt, nämlich Neugierde und Verstand, verführt den Menschen zur Herrschaft und zum Beherrschen-Wollen. Der rationale Geist, verliebt in sich selbst, baut so einen neuen Mythos, einen Mythos um seine Stärke und Unbesiegbarkeit, kann er doch jedes Problem lösen, glaubt er zumindest, sobald er die ersten Erfolge gefeiert hat.

Odysseus lässt sich an den Mastbaum binden, umgeht den Vertrag gar nicht, hört sich aber den verführerischen Gesang der Sirenen an, und wie Horkheimer und Adorno schreiben, überlistet er dann mit dieser schlauen Methode die Verursacherinnen der totalen Verführung. Demnach müssten die Sirenen nach dieser Überlistung verschwinden, sich in Luft auflösen, wurden sie doch von Odysseus besiegt. Sie müssten sich, äquivalent verfahrend, wie die Sphinx in den Tod stürzen.

Die Beherrschung der Natur, der Welt, der Gesellschaft, um jeden Preis quasi und im Dienste des kalten Verstandes – das ist es, was hier am allegorischen Beispiel Odysseus' und seiner Schläue und List wie auch seiner Abenteuer kritisch beleuchtet wird. Auf diese Art, indem also eine einzige Eigenschaft alles dominiert und der kalte Verstand auf dem Weg zur Beherrschung ist, könne die Aufklärung auf den Holzweg gelangen, ja zu einem totalitären System führen, sobald es zu einer Überbetonung des Aspektes der Herrschaft komme. William Blake, Henri Bergson oder Czesław Miłosz – genauso wie Simone Weil – haben sich in ihrem Werk mit diesem Problem intensiv auseinandergesetzt. Liest man aber vor allem die Bücher von Adorno, gewinnt man schnell den Eindruck, als sei alles längst entschieden, vorbereitet worden, die Aufklärung müsse zwangsweise scheitern. Das Fatalistische überwiege, wie es manche Kritiker Adornos und Horkheimers meinen.

Ich finde: nicht unbedingt. Denn auch hier hat die Linke eine besondere Aufgabe zu erfüllen, da sie ein Kind der Dialektik ist und die Widersprüche ihres eigenen Tuns wie auch die der politisch Fremden und gar ihrer ewigen Feinde nicht bloß verstehen und damit ad acta legen soll, um es als erledigt zu betrachten – das Verstehen darf sie nicht einschläfern, schon gar nicht bei Selbstkritik oder im Kontext der totalitären Systeme. Hannah Arendt würde sagen, das Verstehen-Wollen dürfe sie ob des Sinns nicht nur versöhnlich machen, sondern kritisch und aufmerksam: wachsam gegenüber dem »ganzen« Menschen, eben auch mit all seinen Geheimnissen, Fehlern und Abgründen. In ihrem Aufsatz *Verstehen und Politik* von 1953 schreibt sie über die Indoktrinierung im totalitären Denken: »(...) als Schnellverfahren innerhalb des überschreitenden Prozesses selbst, welcher willkürlich dadurch unterbrochen wird, dass apodiktische Feststellungen so verlautbart werden, als besäßen sie die Verlässlichkeit von Tatsachen und Zahlen, zerstört sie die Tätigkeit des Verstehens überhaupt. Die Indoktrinierung ist gefährlich, weil sie einer Perversion nicht in erster Linie des Wissens, sondern des Verstehens entspringt. Das Ergebnis des Verstehens ist Sinn, den wir im bloßen Lebensprozess insofern erzeugen, als wir uns mit dem, was wir tun und erleiden, zu versöhnen suchen.« Es ist für mich völlig klar, dass es eben auch darum gehen muss, wie man das totalitäre Denken nicht nur einordnet, sondern versteht und im Menschen lokalisiert, wobei Arendt in ihrem Aufsatz schreibt, dass dieses vollständige Verstehen erst dann möglich sei, wenn das Totalitäre besiegt wäre.

Solche Wachsamkeit schützt vor »falschen Utopien«, etwa faschistischen, die sich gerade durch ihre vermeintliche Alternativlosigkeit und ihren Widerwillen allem Dialektischen gegenüber auszeichnen. Jason Stanleys *How Fascism Works: The Politics of Us and Them* von 2018 ist zwar in Deutschland noch nicht erschienen, aber dafür 2021 in Polen. Die Propaganda – eines der wichtigsten Themen des Buches von Stanley – wird ultramodern produziert und angewandt, wobei sie an das Unbewusste und an die Ehre der einfachen Menschen appelliert, vor allem solcher, die die Untertanenmentalität repräsentieren und auch leben. Alltäglich. In seiner Rede *Aspekte des neuen Rechtsradikalismus* schreibt Adorno: »Und wenn man gerade diese Struktur des Appels an die autoritätsgebundene Persönlichkeit aufdeckt, so bringt das nun wirklich die Rechtsradikalen zum Weißglühen, und ich würde sagen, das ist immerhin ein Beweis dafür, daß in dieser Struktur ein Nervenpunkt getroffen wird. Die unbewussten Tendenzen, welche die autoritätsgebundene Persönlichkeit speisen, werden also nicht etwa von dieser Propaganda bewusst gemacht, sondern im Gegenteil, sie werden künstlich unbewusst gehalten.«

Auch das Verwahren der Marx'schen Utopie von klassenloser Gesellschaft im Gefängnis der Geschichte, als wäre sie bloß ein Relikt, ist nichts weiter als ein kurzsichtiges und stupides Denken; man muss Dichter lesen wie Miłosz oder T. S. Eliot, um zu verstehen, dass, obwohl wir den Weltenbrand nicht löschen können und unsere Identitäten verschwinden, die Geschichte ihre ganz eigene Rolle zu erfüllen hat, denn alles geschieht jetzt, alles spielt sich jetzt ab, was eben Dichter und vielleicht ein paar Physiker und Eingeweihte esoterischer Schulen wissen: Ein Junge am Nil geht mit seinem Vater fischen, Kopernikus zeichnet im Schloss von Olsztyn seine astronomische Tafel, die Nazis überfallen Russland, auf dem Mond landen die ersten Menschen und im Jahre 2172 irgendwo auf einem noch nicht entdeckten Planeten, der der Erde ähnelt. Aber auch die klassenlose Gesellschaft könnte eines Tages Wirklichkeit werden und natürlich neue Probleme schaffen, für die man Lösungen suchen und finden müsste. Und trotzdem scheint es eine seltsame, ja kosmische Ordnung der Dinge zu geben, da alles, wirklich *alles* seine Zeit habe, wie es Kohelet, der Prediger Salomo, sagt, und damit seinen

Platz, oder wie es Eliot schreibt in seinem Poem *Vier Quartette* aus den Vierzigerjahren[26]: »Jetzige Zeit und vergangene Zeit / Sind vielleicht gegenwärtig in künftiger Zeit / Und die künftige Zeit enthalten in der vergangenen. / Ist alle Zeit auf ewig gegenwärtig / Wird alle Zeit unerlösbar.«

Marx wie eine Mücke im Bernstein gefangen zu halten, ist eine Beleidigung für die Utopie und die »Utopier«, was auch schon Oscar Wilde, dem Autor von *Der Sozialismus und die Seele des Menschen*, klar war, der ja die Utopie für eine Grundvoraussetzung des menschlichen Fortschritts hielt. Der Faschismus ist eine Bremse, ein Rückfall in die Zeit der Barbarei, aber wichtig ist: sowohl die Barbarei wie auch die Kulturkritik brauchen eine Einwilligung, so Adorno, einen entschiedenen Usurpator und Willen.

In diesem Sinn ist Wachsamkeit gefordert und der Wille, Verantwortung für sein kritisches Denken zu übernehmen, was wiederum heißt, dass man dieses in die Tat umsetzen muss. Nur auf diese Art kann es gelingen, autoritäre, faschistische und populistische Tendenzen in der Politik schon im Keim zu ersticken.

Zur Schwäche der Linken, was die ideologisch-politische Niederlage gegenüber großen Volksparteien, den Reaktionären wie auch den Rechten und Identitären angeht, lässt sich sagen, dass sie auch dort ausgemacht werden kann, wo die Linke brav geworden ist, obwohl sie meint, sie würde immer noch beißen. Denn da sie mehr und mehr in Frankreich und Deutschland in die Ecke gedrängt wurde – man müsste etwas zynisch sagen, in eine demokratische Einsamkeit, weil sie auf ihren eigenen Wunsch Wähler verlor –, fing sie an, mit Eifersucht auf ihre Gegner zu schielen und mit Fremdkörpern und -kräften zu experimentieren, zu denen zum Beispiel der Populismus gehört – die Bücherregale sind europaweit voll mit solchen Büchern, die einen linken Populismus als Alternative beschwören.[27]

Was der Populismus in Osteuropa, im Realsozialismus also, angestellt hat, indem er zum Mittel von rechtskonservativen, nationalistischen bis totalitären Regimen geworden war, interessiert die westlichen Heiler und Propheten nicht. Das Paradoxe ist auch, dass die Linke dem Reaktionären meistens nur noch mit der gängigen Skepsis begegnet, unabhängig davon, ob diese durch Verfassungstreue oder Bildung oder Konformismus oder kritischen Menschenverstand motiviert ist, obwohl sie selbst auf die Wirklichkeit ›reaktionär‹ und revisionistisch reagieren müsste – nämlich progressiv kritisch. Stattdessen ist das ganze Feld, auf dem die Linke einst die besten Karten gehabt hatte, weil sie in ihrer kritischen Haltung eine Koinzidenz lange aufrechterhalten konnte, den Reaktionären diverser Provenienz überlassen worden: den Konservativen, den Rechten, den geistig und kulturgeschichtlich Verwirrten, den Linksradikalen und den Aggressiven und vor allem den Verschwörungstheoretikern. Und leider auch den parlamentsfähigen Postneofaschisten: Marine Le Pen, Viktor Orbán, Giorgia Meloni, Matteo Salvini, *AfD* und *PiS*.

Ich will nicht damit sagen, dass die Linke einen wesentlichen Beitrag geleistet hat im Kontext der Erfolge der Rechten. Das sollen Soziologen beurteilen. Und Philosophen. Mich macht etwas anderes skeptisch: Wenn nämlich nach Lösungen gesucht wird, die die Linke aus ihrem Mutterbeet herausreißen und ihr einen Erfolg prophezeien, wenn sie denn endlich erkennen würde, dass die Zeiten sich geändert hätten, dass Marx und Freud längst zu Grabe getragen worden seien und Nietzsche ihnen schon bald folgen würde, wie Michel Houellebecq in seiner Dankesrede von 2016 schreibt, die er im Rahmen der Verleihung des Frank-Schirrmacher-Preises gehalten hatte.[28] Denn ich würde eher sagen, dass das größte

Potenzial der Linken gerade ihr natürlicher Drang zum kritisch-utopischen Denken und Handeln ist, und da werden auch sofort ihre Wurzeln sichtbar, die von Marx über Gramsci zu Lukács und dann zu Kołakowski und Adorno führen.

Oftmals ist es zielführend, sich anzuhören, was die Philosophie oder die Soziologie zu sagen haben, da sie versuchen, eine überzeugende Ordnung herzustellen und zugleich die von ihnen kreierten Begriffe kritisch im Auge zu behalten, um, ganz dialektisch, die konstitutive Nichtidentität von Begriff und Gegenstand zu markieren. Jedenfalls stünden einem Adorno wohl die Haare zu Berge, wenn er läse, wie Houellebecq in seinen Essays mit Begriffen ›herumschmeißt‹, wie ein gut gelaunter Fischhändler auf dem Fischmarkt.

Gerade ein solch wildes Um-sich-Werfen von Begriffen, das Gefühle anspricht und dessen Botschaft leicht verständlich ist, wird aber heute in Bezug auf die Linke oft eingefordert. So heißt es bei Chantal Mouffe: »Ein linkspopulistischer Ansatz sollte versuchen, ein alternatives Vokabular zur Verfügung zu stellen, um diese Forderungen auf egalitäre Ziele umzulenken. Das bedeutet nicht, dass man die Politik rechtspopulistischer Parteien stillschweigend gutheißen sollte, sondern dass man sich weigern sollte, den Wählern die Verantwortung dafür in die Schuhe zu schieben, wie ihre Forderungen artikuliert werden. Ich bestreite nicht, dass es Menschen gibt, die sich vollkommen mit diesen reaktionären Werten identifizieren, aber ich bin überzeugt, dass andere nur von diesen Parteien angezogen werden, weil sie das Gefühl haben, dass sie die Einzigen sind, die sich für ihre Probleme interessieren. Stellte man ihnen eine andere Sprache zur Verfügung, so bin ich überzeugt, dass viele ihre Lage anders erleben und sich den progressiven Initiativen anschließen würden.«

Mouffes Vorschlag, den linken Populismus salonfähig zu machen, die Sprache zu ändern, um den abtrünnigen

Wählern entgegenzukommen und ihre Probleme nicht in die Schublade mit der Aufschrift »Reaktionäres Denken und Verschwörungstheoretiker« zu stecken, ist durchaus verständlich. Aber Populismus lässt sich nicht instrumentalisieren und verbiegen – er muss eine breite Masse erreichen und ist deshalb nicht gerade zimperlich, was seine Feinde angeht. Doch viel wichtiger ist, dass der Zeitgeist, um es etwas provozierend zuzuspitzen, heute solcher Art ist, dass das ganze System grundsätzlich infrage gestellt wird, und da die Linke in den Augen der Skeptiker, eben auch der Abtrünnigen, ein Teil dieses Systems sei, ist es ihnen unmöglich, in die Linke oder Sozialdemokratie wieder Vertrauen zu fassen. Viele Trump-, PiS-, Orban- oder *FN*-Wähler protestieren gegen das ihnen suspekt gewordene System, obwohl sie sich selbst nicht für Rechte oder gar Verschwörungstheoretiker halten. Insofern müsste man, sollte man nach einem neuen Vokabular suchen, dieses nicht innerhalb des Systems, sondern außerhalb von diesem ändern, und dies würde auf eine Revolution hinauslaufen, wie es die »Gelbwesten« teilweise vorgemacht hatten. Die Linken müssten sich nicht den Rechten angleichen, sondern wieder entdecken, dass ihre Stärke im Gegenteil liegt: Im fruchtbaren Dialog mit allen Standpunkten, die es zu einer Frage gibt. Die Linken sollten wieder die Demokratie verteidigen, verstanden als System, das für Gleichheit und Teilhabe steht, nicht für Ideologie, Propaganda und Ausgrenzung.

Diese Entwicklungen zeichnen nach Jason Stanley den Weg in den Faschismus aus: »Das beredteste Kennzeichen faschistischer Politik ist die Spaltung. Sie versucht, die Gesellschaft in ›uns‹ und ›sie‹ zu unterteilen. Viele verschiedene politische Bewegungen verlassen sich auf diesen Mechanismus – die kommunistische Politik zum Beispiel nutzt die Klassenspaltung als Waffe. Um die faschistische Politik zu beschreiben, ist es notwendig, die Methoden darzustellen, wie sie ›uns‹ von ›ihnen‹ aufgrund ethnischer, religiöser oder rassischer Überlegungen unterscheidet und wie sie diese Spaltung zur Gestaltung von Ideologie und zur endgültigen Formung ihrer Kräfte nutzt.«[29]

Stanley, der an der Yale University Philosophie lehrt, führt in seinem kurzen Buch eine ganze Reihe von Beispielen solcher Entwicklungen an, und so dürfen in seinem Panoptikum Donald Trump, Viktor Orbán oder die PiS (*Recht und Gerechtigkeit*) aus Polen nicht fehlen. All die von Stanley beschriebenen Zutaten der faschistischen Politik finden sich im Handeln der oben genannten Hauptdarsteller: In Polen werden intellektuelle Eliten infrage gestellt und diffamiert, kritische Theaterintendanten und Schriftsteller werden nicht mehr gefördert, Polens Opferrolle wird mythologisiert, die Frauen kämpfen seit Jahren schon gegen das rigorose Abtreibungsgesetz – der patriarchale Staat und die patriarchale katholische Kirche haben hier das Monopol; Subjekte und Institutionen, die regierungskritisch sind, werden finanziell nicht unterstützt – das geschieht auch in Ungarn; es wird andauernd betont, dass die Regierung demokratisch handle und die Demokratie das A und O ihrer Politik sei, obgleich die Stabilität der Gewaltenteilung nicht mehr vorhanden ist; die wirtschaftliche Lage wird gnadenlos ausgenutzt, um immer wieder neue Feindbilder zu kreieren; und dann wird noch die ethnische Komponente eingebaut – die Angst vor dem fremden Mann an der Tür, der ins Land einfalle und rauben und morden wolle. Für Flüchtlinge gibt es in solch einer Konstellation keine Chance, zumal sie ideologisch und konfessionell eine Bedrohung für die vermeintliche Einheit des Volkes darstellen (mit Ausnahme der Kriegsflüchtlinge aus der Ukraine – aus bekannten Gründen); Stanley spricht in diesem Zusammenhang treffend von einer »Entmenschlichung«.

Wer sich also auf Reaktionäres einlässt, weil es vermeintlich um die Revision einer womöglich gefälschten Wirklichkeit gehe, muss sich im Klaren sein, dass er in die Teufelsküche geraten kann, mag die Provokation noch so attraktiv sein. Das muss auch einem Michel Houellebecq klar sein, und es geht ja nicht darum, dass ihm die Erfahrung des totalitären Systems fehlt (das wäre zu offensichtlich, so zu argumentieren), sondern im Allgemeinen um Gefühl und Verständnis für *episteme* und *doxa*, wie es immer wieder bei Hannah Arendt im Kontext der Politik heißt; um das Erkennen, um Fakten also, geht es dann und nicht nur darum, welche Vorstellung und *Meinung* man von der zerbrechlichen Wirklichkeit einbringt in die globale politische Diskussion. Gegen den Austausch von Meinungen, insbesondere bei einer Diskussion über das Neue, über die Utopie und die Zukunft, sollte man in der Politik nichts haben: Kritische Diskussionen und ein lebendiger Austausch von Meinungen machen sowohl unsere Gesellschaft als auch unsere Kultur aus, aber der Populismus, der mit dem Unbewussten und den Gefühlen des potenziellen Empfängers spielt und diese steuert, will diesen Austausch nicht, und er verdreht oft noch die Fakten und erträgt keine kritische Begegnung und auch keine Dialektik.

Der Populismus kann also eine wahre Utopie nur verdammen. Sie macht ihm Angst, weil sie die Erneuerung der Gesellschaft anstrebt, ihre ganze Statik durcheinanderbringen will und muss, damit es vorwärtsgehen kann, und zwar auf allen Ebenen, die verfahrene Verhaltensmuster beinhalten. Dabei darf es natürlich keine einfachen Antworten geben, sondern solche, die rebellisch sind und manchmal alles auf den Kopf stellen, zumindest auf den ersten Blick. Demagogische Gewalt über Massen – das kann nicht die Domäne einer Linken sein, die ihrem Begriff entsprechen will oder es zumindest versucht, indem sie ihre Kraft aus der Kraft der Utopie schöpft. Früher oder später kommt es nämlich zwangsläufig – wird die populistische Propaganda eingesetzt – zu einer Diktatur, und diese kennen wir zur Genüge aus dem ehemaligen Ostblock, der versuchte, das sowjetische Imperium am Leben zu halten. Und wir kennen sie auch aus Putins imperialen Machtträumen.

Im Sozialismus erlebte ich den institutionalisierten Marxismus wie eine Religion der Massen, in der das Individuum sich einer höheren Sache stellen beziehungsweise opfern musste. Es fühlte sich alles falsch, verlogen an, sodass Rebellion die einzige Antwort sein konnte – genauso der Rechten gegenüber, deren Demagogie mich immer angewidert hat. Also, der Populismus »killt« die Rebellion, und die Linke hat die Rebellion von der Pike auf gelernt, das ist ihr eigentliches Wirkungsfeld: der Protest, die immerwährende Infragestellung der gesellschaftlichen Situation.

Populistische Parolen sollten also der Linken ein Dorn im Auge sein, da diese der Parteipropaganda entspringen, und die populistische Partei betrachtet den Staat wie ihr Eigentum. Der Populismus will außerdem spalten und die Wähler in gute und böse trennen, um Vorurteile anzuheizen. Er ist zudem hysterisch und pathetisch, er beschwört den Mythos der großen Heldentaten seiner Nation: Wer hier nicht mitmacht, wird zum Feind erklärt. Die Mentalität des Untertanen wird in seinem Unbewussten angesprochen – durch massive Propaganda. Aber was am wichtigsten ist: Er schafft ständig neue Feindbilder und neue bedrohliche Szenarien, damit der Bürger das Gefühl hat, es könne nur einen geben, der ihm hilft und ihn beschützen kann – seine Partei, seine Regierung. Die Pflicht der Linken ist es, gegen solche politische Instrumentalisierung zu protestieren und sie zu bekämpfen. Kołakowski schreibt[30]: »Der Linken ist die Liebe zum Märtyrertum und der bewusst nutzlose Heroismus fremd, ebenso wie ihr der

Opportunismus angesichts der gegenwärtigen Situation und der Verzicht auf Ziele fremd ist, die im Augenblick utopisch erscheinen. Die Linke ist ein Akt des Protestes gegen die bestehende Welt, aber sie ist keine Sehnsucht nach dem Nichts. Die Linke ist eine Sprengstoffladung, welche die Verhärtung des sozialen Lebens aufbricht, aber sie führt nicht ins Leere.«

Zur Utopie gehört also die »negative Dialektik« beziehungsweise das negative, weil kritische Nachdenken über die Wirklichkeit und Gesellschaft, um eine »positive« Zukunft kreieren zu können. In diesem Sinne würde ich sagen, dass ein Kampf um bestimmte Begriffe zumindest nicht das Ende linker Bestrebungen sein kann: Denn wenn auch das Ziele solcher Einzelkämpfe Gerechtigkeit ist und womöglich diese sogar befördern, ist es doch zugleich als Umsetzbare gern gewählt, da sie Wählerstimmen bewegen können. Unabhängig davon sollte es aber um grundsätzliche Fragen und Diskussionen gehen, die nicht schon in sich abgeschlossen sind, sondern die gemeinsame Antwort herausfordern, die alle Teile der Gesellschaft mitbedenken.

Giordano Bruno, der 1600 auf dem Campo dei Fiori in Rom verbrannt wurde, weil er als Ketzer galt, da er an Zivilisationen auf fremden Planeten glaubte, war in dieser Zeit der Spätrenaissance und des aufkeimenden Barock ein Reaktionärer für die vatikanischen Machthaber gewesen. Er tischte der »römisch-katholischen« Menschheit eine Utopie auf, die sie zu der Zeit nur verdammen konnte: ein unendliches Weltall, in dem es viele andere intelligente Wesen gibt, passte nicht ins Weltbild der vatikanischen Hierarchen.

Ähnlich wie William Blake (»All Religions are One«) geht Bruno von einem Geist aus, der alles Sein und Nichtsein durchdringe, wir sprechen hier also vom Panpsychismus: Alles, egal, wie es ontisch um ein Objekt bestellt sei, lebe und habe einen geistigen Hintergrund. Die Absage an das Jüngste Gericht, ist doch das Weltall unendlich und zeitlos, gab dem Universalgelehrten, Mönch und Bruder Giordano sozusagen den Todesstoß, das war zu viel des Guten für den Vatikan. Czesław Miłosz' Gedicht *Campo di Fiori*, geschrieben bereits während des Zweiten Weltkriegs, ist damit auch eine Liebeserklärung an das Rebellische, Ketzerische. Man ist schon fast versucht zu schreiben: an das Linke, aber man muss vorsichtig sein mit solchen Vergleichen und Verallgemeinerrungen, da sie drohen, rasch inflationär zu werden. Sicher, Jesu Christi *Bergpredigt* hat auch sozialkritische Elemente, und sicher, in gewissem Maße war der Prophet und Reformer des Judaismus, ganz laizistisch betrachtet, ein Revolutionär im Sinne der sozialkritischen Theorien; er legte zumindest den Grundstein für die links-progressive Perspektive auf die Gesellschaft und ihre sozialen Konflikte.

Kann also das Rebellische der gemeinsame Ausgangspunkt einer linken Bewegung sein? Die bloße Möglichkeit, rebellisch zu sein, reicht wohl kaum, denn auch die reaktionäre Rechte inszeniert sich ja, wie oben dargelegt, als rebellisch gegenüber ›dem herrschenden System‹. Vielmehr muss eine Grundlage geschaffen werden, eine linke Utopie, aus der heraus sich das Rebellische speist und von der alle ausgehen – sei die Idee auch von jemandem wie Bruno in die Welt gebracht. Wie verräterisch die Freiheit sein kann, oder viel mehr deren Umsetzung, zeigt Stanley in seinem Buch am Beispiel des Klassikers *Über die Freiheit* von John Stuart Mill. In einem Kapitel beschreibt Stanley den russischen TV-Sender RT, auf den man in Russland stolz sei, habe doch jeder die Möglichkeit, seine Weltanschauung öffentlich vorzustellen, mag sie noch so krude und hanebüchen sein, was bei Verschwörungstheorien besonders zu beobachten ist (Illuminati, Area 51, Untergrundbasen in den USA, genetische Experimente und geheime Verträge mit Außerirdischen). Nur das Problem sei, so Stanley, dass die russische Station RT ein Propagandainstrument in den Händen der russischen Regierung ist, um fundamentale demokratische Institutionen in Misskredit zu bringen, das Vertrauen grundlegend zu erschüttern. Mit dieser These wendet sich Stanleys Kritik auch an Mills Klassiker *Über die Freiheit*. Es reiche nicht, jedem Subjekt eine Plattform zu geben, damit er sich öffentlich äußern könne. Es müsse vorher eine gemeinsame Prinzipieneinigung erreicht werden, um nicht in die Netze der Propagandisten zu geraten. Mit anderen Worten: Es geht um verschiedene Ebenen, auf denen man eine öffentliche Debatte startet, denn sobald man alle Regierungen prinzipiell als Schattenregierungen darstellt, im Dienste einer geheimen Elite, die wiederum für eine super geheime Organisation, womöglich im tiefen Weltall auf einem fremden Planeten sesshaft, arbeitet, ist eine weitere Diskussion nicht mehr möglich. Stanley gibt ein Beispiel: »Es ist schwierig, rational über Klimapolitik zu diskutieren, wenn ein Befragter vermutet, dass Wissenschaftler, die den Klimawandel signalisieren, heimlich eine homosexuelle Lobbystrategie verfolgen (wie beispielsweise vom evangelikalen Medienführer Tony Perkins am 29. Oktober 2014 in seiner Radiosendung Washington Watch vorgetragen).« Hier wird also klar, warum das Zusammenkommen von Meinung und Fakten so entscheidend ist: Nur, wenn wir einen gemeinsamen Grund haben, von dem wir ausgehen können – Fakten, die keine Alternative zulassen –, können wir über unsere Meinungen sprechen und so eine bessere Welt denken: Das Utopische ist in diesem Sinne immer auf das Faktische angewiesen.

Mit der Utopie wollen die Verschwörungstheoretiker und Reaktionären in diesem Sinne nichts zu tun haben, denn sie ist für sie zweifach gefährlich: Zunächst, weil sie von einer gemeinsamen Faktenlage ausgeht – wo die Rechten sich doch nur an bestimmte Menschen richten wollen –, zudem, weil es gerade darum geht, die eine Wahrheit festzuhalten, anstatt das Unberechenbare und Neue zu denken. Sie gefallen sich selbst in einer Welt, die eine Apokalypse erlebt oder in einer fruchtbaren Dystopie enden wird. Schlussendlich kann man sogar sagen, dass solche Geister ein schlimmes Ende heraufbeschwören und deshalb genauso ›grausam‹ sind, was sie eben nicht empfinden und erfassen können, wie ihre erklärten Feinde, das regierende Establishment, dem sie schlimme Verbrechen an der Menschheit vorwerfen.

Eine ernste Auseinandersetzung mit gesellschaftswissenschaftlichen Theorien scheint heute unzeitgemäß, nur innerhalb der Universitäten sinnvoll, in unserer schnelllebigen Zeit keine Bedeutung mehr zu haben. Diese Abwendung hat aber – meines Erachtens – weitgreifende Konsequenzen: Denn das Übergehen dieser Theorien des Utopischen führt dazu, dass wir die Zukunft nur noch als leicht veränderte Gegenwart zu denken imstande sind – und das halten wir dann gar für realistisch und vernünftig. Deshalb ist es auch treffend, was Žižek in seinem Buch *Ein Linker wagt sich aus der Deckung. Für einen neuen Kommunismus* im Kontext der Zukunftsvisionen und damit möglicher Utopien schreibt: »Was wir heutzutage vor allem brauchen, sind positive Visionen, wie wir unsere Probleme angehen – die Bedrohung durch ökologische Katastrophen, die destabilisierenden Implikationen des globalen Kapitalismus, die Fallen der Digitalisierung unseres Verstands. (…) Es geht nicht nur darum, gegen Mauern und für offene Grenzen zu kämpfen, sondern uns neue soziale und ökonomische Modelle auszudenken, die keine weiteren Flüchtlinge hervorbringen.«

Man könnte meinen, das sei eine *pobożne życzenie*, wie man im Polnischen sagt, ein frommer Wunsch oder ein

Wunschdenken. Und meiner Meinung nach ist es genau das, was wir brauchen: Mehr Wünsche, Visionen, Utopien für eine bessere Welt, eine grundlegend andere, die sich kaum aus der jetzigen berechnen lässt. Das Einzige, was mir heute als richtig und »zeitgeistig« wahr erscheint, ist die Feststellung, dass wir eine tiefgreifende Identitätskrise durchleben, deren Ausmaße immer größer und unberechenbarer werden, doch anstatt uns für Neues und Visionäres – Utopisches – zu öffnen, laden wir täglich die Angst vor der Zukunft ein, in uns und in unserem Kollektiven zu wildern und zu grassieren.

Wir schauen in eine unsichere Zukunft auch aus dem Grund, weil uns dank des Hubble-Teleskops klar geworden ist, wie zerbrechlich unser Zuhause ist, wie schnell eine kosmische Katastrophe das Leben auslöschen kann; wir sehen aber auch, wie großartig unsere Welt ist – mit viel mehr Planeten und Sternen, als wir es je ahnten. Das Giordano-Bruno-Universum wird für uns mehr und mehr zur Wirklichkeit. Wir können, seit wir Planeten in habitablen Zonen entdecken, behaupten, dass viel mehr möglich ist; die Welt ist größer geworden, und das, was noch vor wenigen Jahrzehnten als undenkbar galt, scheint heute erreichbar: ein multidimensionales Universum, das eigentlich voller Leben sein müsste. Und wenn wir unsere Kriege auf der Erde beilegen und problemlos zu anderen Sternen und Planeten fliegen werden, wird uns bewusst, wie kleinlich und dumm unsere irdischen Kriege gewesen sind.

Wir werden eine neue Identität haben, die der kosmischen Menschen, die in der Galaxie reisen werden wie einst von Kontinent zu Kontinent. Und um solch eine Zukunft zu erschaffen, braucht man nicht nur eine Utopie, sondern auch die »negative Dialektik«, da wir vorsichtig vorgehen müssen. Wer – wie das im CERN-Projekt geschieht – Teilchen mit Teilchen bombardiert, muss schon ganz genau wissen, was er da tut. Auf jeden

Fall müssen wir in Bewegung bleiben … und nach dem Undenkbaren jagen. Die Bewegung (als rhetorische Figur) spielt in der Religion, Philosophie und Literatur eine wichtige Rolle, auch als eine Allegorie, sie findet sich bei Thomas von Aquin, aber auch schon bei den Vorsokratikern. Heute ist sie das Hauptcharakteristikum unserer globalen Welt.

Dieses In-Bewegung-Sein ist keinesfalls ein gewöhnliches Verständnis von Marx: In Francis Fukuyamas Buch *Identität. Wie der Verlust der Würde unsere Demokratie gefährdet* heißt es zum »Ende der Geschichte«: »Ich hatte das Wort *Geschichte* im hegelianisch-marxistischen Sinne verwendet (…) als langfristige evolutionäre Beschreibung menschlicher Institutionen, die man alternativ als ›Entwicklung‹ oder ›Modernisierung‹ hätte bezeichnen können. Das Wort Ende war nicht im Sinne von ›Terminierung‹, sondern ›Ziel‹ oder ›Bestimmungsort‹ gewesen. Karl Marx hatte nahegelegt, dass das Ende der Geschichte eine kommunistische Utopie sein werde, und ich wies darauf hin, dass Hegels Version, in der die Entwicklung zu einem liberalen markwirtschaftlichen Staat führt, plausibler ist.«

Versteht man das Ende, die Erfüllung der Utopie, als Unbekanntes, birgt sie immer Gefahr, da, ob man es will oder nicht, unsere irdischen Staaten, Reiche, Imperien und vor allem unsere Identitäten zwar eine Evolution erleben, aber ständig immer wieder verschwinden im ewigen Weltenbrand und -wandel, sodass es risikoreich und mühselig ist, immer wieder das Überleben und das Fortdauern einer Kultur sichern zu müssen, zumal unsere Bemühungen schiefgehen und sogar in eine Diktatur münden können. Denn die Stärke des Menschen besteht ja geradezu darin, dass er metaphysisch und transzendent denken kann, dass er Sehnsucht nach Unsterblichkeit hat, dass er Utopien kreiert, die ganze Weltbilder wie in Sekundenschnelle zerstören können: Und das ist nicht genug, wir werden oft das Gefühl nicht los, wir seien hier auf der Erde nur Mieter, die ihre Reise kurz unterbrechen, da wir eigentlich unterwegs sind wie Odysseus nach Hause, das allerdings nicht hier, nicht im Gefängnis der sterblichen Materie sein dürfte, sondert dort, wohin uns unsere Träume und Sehnsüchte führen wollen.

Fukuyama macht also keinen Fehler, wenn er Hegel und Marx ins Spiel bringt, die säkulare Erlösung, in gewisser Weise eine Art Messianismus und Eschatologie der Weltgeschichte, wie sie Hegel und Marx zu Hilfe kam, damit man eine positive Zukunft der Menschheit entwickeln und anbieten konnte. Bis dahin ist aber der Weg sehr lang, und bei allen Identitätsdebatten machen sich nur wenige klar, wie zerbrechlich ihre Identitäten sind, weil sie, aus der Perspektive der Zeitalter betrachtet, früher oder später verschwinden werden, um in Geschichtsbüchern ein kurzes Kapitel zu werden. Deutschland, Polen und Frankreich zum Beispiel wird es in fünftausend Jahren womöglich ganz einfach nicht mehr geben. Aber die menschliche Zivilisation wird es weiterhin geben, vorausgesetzt, dass uns apokalyptische Katastrophen erspart bleiben. Die Frage ist nur, zumal wir hier für uns Menschen von ungeheuren Zeiträumen sprechen, ob wir in der Dystopie aus dem Sci-Fi-Film »Blade Runner« leben werden, deren fiktionale Welt gar nicht mehr – leider – eine weit entfernte und aus den Fingern gesogene ist, weiß man doch, wie sehr die Umwelt unter unserem Tun leidet, noch überhaupt fähig sein werden, an eine Utopie zu glauben und diese auch zu verwirklichen. Der saure Regen, von uns verursachte Umweltkatastrophen, das Leben in gigantischen Hochhäusern und das virtuelle Entertainment sind weltweit alltäglich geworden – der erste globale Schock, dass wir durchaus scheitern könnten, spielt sich gerade vor unseren Augen ab.

Wenn also Walter Benjamin[31] in Bezug auf die Zersplitterung, die uns die Moderne zusammen mit der Industrialisierung und Urbanität brachte, von »Schockerfahrungen« spricht, und zwar für alle Individuen und Gruppen, wovon werden erst die jungen Generationen sprechen, die zurzeit mit Greta Thunberg aufwachsen und eine Zukunft vor sich haben, die im Moment nichts Gutes hoffen lässt? Ihr kollektives Gedächtnis entsteht gerade und ist bereits jetzt völlig anders als dasjenige, das die satten und friedlichen Jahre im Westen hervorgebracht hat, als das Wirtschaftswunder und der Konsum den Alltag dominierten – und die Überzeugung, dass es keine Grenzen des Wachstums gebe.

III
... EINEN NEUEN ANFANG DENKEN

»Es gibt mehr Ding'
im Himmel und auf Erden,
als Eure Schulweisheit
sich träumt, Horatio.«

William Shakespeare in
»Hamlet«, 1. Akt, 5. Szene (1603)

Charles de Gaulle sagte über Simone Weil, die sich mit 34 Jahren zu Tode gehungert hatte, sie sei »verrückt«. Während des Zweiten Weltkriegs wollte sie sich im Kampf gegen Nazideutschland nützlich machen und verließ deshalb ihre Eltern und New York, um in England, obwohl sie Pazifistin war und obendrein halbblind, ihren Einsatz als Fallschirmjägerin zu üben, was natürlich angesichts ihres Gesundheitszustands in der Tat »verrückt« anmutete – letztlich durfte sie nicht einmal französische Krankenschwestern ausbilden. De Gaulle verdonnerte sie schlussendlich zur Büroarbeit, sie sollte sich mit der französischen Verfassung beschäftigen und anfallende Post mit der Résistance erledigen. Sie trat in heißes Öl und verbrannte sich den Fuß, heißt es in diversen biografischen Quellen. In Wahrheit hatte Simone Weil ein verbranntes Herz, das in dieser Welt der Materie und des Geistes, des Kampfes zwischen den beiden Kräften, schwer gelitten hatte: Atheismus und Materialismus versus Mystik.

Ingeborg Bachmann sagte über Weil, sie sei zwar eine Legende, aber da man nun ihre Bücher in allen Sprachen publizieren würde, könne dies der Legende schaden, dem Mythos Weil, der modernen Jeanne d'Arc, wie es jemand über sie anonym sagte, und Heinrich Böll kniete vor ihr nieder und gestand, er sei Weil »nicht gewachsen, intellektuell«, dieser strengen Prophetin, und Simone de Beauvoir, Susanne Sonntag und Czesław Miłosz lasen und bewunderten sie ebenso, zollten ihr Respekt, genauso wie Adam Zagajewski. Albert Camus gab ihre Werke heraus. Ein ungeheures Werk, muss man sagen, geschaffen in wenigen Jahren, lebt sie doch kurz: von 1909 bis 1943, während ihr Bruder André Weil, ein berühmter Mathematiker, über 92 Jahre alt wurde.

Man kann sagen, es gibt zwei Simone Weils: die christliche Mystikerin und Philosophin sowie die Kritikerin des Marxismus, die sich selbst mit Leo Trotzki angelegt hatte, vermutlich zu Recht, war doch Trotzki – bei aller Liebe für die Revolution – ein linker Reaktionär. Ich habe Weils Werk schon mit Anfang 20 angefangen zu studieren; ich brauchte ein Gegengift, dass mir helfen würde, die folkloristische römisch-katholische Pestilenz aus der Volksrepublik in den Griff zu bekommen. Es lebt sich nicht einfach mit einem verpesteten Herzen, mit der Angst vor schwarzen Sutanen, schwarzen Nonnen, die dem Märtyrer Jesus Christus keine Atempause gönnen: Rund um die Uhr muss er leiden, gekreuzigt werden, sterben für unsere Sünden. Das war für ein Kind – ist für ein

Kind – eine Zumutung, solch ein Kult des Todes, um angeblich die Ewigkeit begreifen zu lernen und zu erreichen. Erst gnostische Texte, häretische Texte, Simone Weils *Cahiers* und vorchristliche Studien schenkten mir die Kraft und auch das kritische Denken, um dem kirchlichen Terror auf Augenhöhe zu begegnen.

Liest man aber Weils Schriften zum Marxismus, zur Demokratie, zur Verwurzelung, zur Religion und zur Philosophie, fragt man sich sofort, wie eine einzige Person all diese Ideen unter einen Hut bringen konnte. Die Trennung zwischen dem sozialen Engagement, der Sorge um das Wohl der Arbeiter, und der transzendenten Suche nach Christus ist so klar und deutlich, dass man den Eindruck gewinnen könnte, Simone Weil sei eine bipolare Person gewesen. Nicht nur ihr Werk ist zweigleisig, auch ihre Vita zeigt, dass sie streng und konsequent ihre Weltanschauung gelebt hatte. Um die Sorgen der Arbeiter zu verstehen, ging sie in die Fabriken, diese zierliche, oft kranke und an Unterernährung leidende Person, um ihren Lebensunterhalt zu verdienen und der Wirklichkeit des Prekariats die Stirn zu bieten, darüber zu schreiben aus Erfahrung und erster Hand. Gerade das Zusammenkommen des konkret Politischen und Utopischen ist es aber, was meines Erachtens zusammengehört – deshalb ist Weils Philosophie meiner Meinung nach so wichtig und hochaktuell.

Simone Weil war also zum einen eine erbarmungslose Kritikerin der Marx'schen Philosophie und Soziologie, konkret der Reduzierung des Menschen auf Produktivität und die Ware, wie auch auf die Abhängigkeit von der Weltgeschichte und der Idee der historischen Notwendigkeit; zum anderen eine Mystikerin, deren mystisch-gnostische Ernte durchaus mit der eines Marcion oder Origenes verglichen werden kann und die dem Menschen nicht nur als einem sozialen Wesen begegnete, das seine materiellen Bedürfnisse stillen muss, sondern auch als einem kosmischen und durch und durch geistigen Wesen, in die Mystik und Transzendenz eingeschriebenen.

Es ist dennoch erstaunlich, dass Weil auf der einen Seite zwischen dem Marxismus und der Religion eine strikte Trennung sah und durchführte – doch auf der anderen Seite gerade im Marxismus auch religiöse, dem Christentum entspringende Momente und Attribute entdeckte; aber diese sah sie schon in der vorchristlichen Zeit, so zum Beispiel im Werk von Platon oder Sophokles. Die Dialektik unseres Daseins – Leben versus Tod – wird bei Weil positiv aufgelöst, aber man braucht eine ungeheure Überwindung im Geiste: den Glauben an diese Erlösung beziehungsweise Utopie, denn eine Utopie kann nur dann aufkeimen und sich ausbreiten, wenn man an sie glaubt.

Die Marx'sche Utopie einer klassenlosen Gesellschaft und eines Lebens in Freiheit sah Weil kritisch – insofern, als sie die Ursachen für die soziale Unterdrückung nicht nur in den Produktionsmechanismen sah, sondern vielmehr in der Vielfalt individueller Entscheidungen, den »täglichen Anstrengungen« im Kampf um Herrschaft oder Freiheit; und trotzdem arbeitete Weil selbst an verschiedenen Utopien. Politisch betrachtet war ihr größtes Anliegen, das Parteiensystem zu zerschlagen, jede Partei sah sie als eine kollektive Adrenalinbrutstätte. War sie eine Antidemokratin? Nein. Ihr Essay *Anmerkung zur generellen Abschaffung der politischen Parteien* von 1957 ist allerdings eine hervorragende Utopie, die die Parteien zu Grabe trägt. Eine spirituell, geistig, intellektuell und technologisch hochentwickelte Zivilisation werde keine Parteien brauchen, sondern werde auf Gleichheit und Brüderlichkeit beruhen.

Zudem galt es für die ausgesprochen wache und kritische Intellektuelle und Schriftstellerin, die die Linke und den Sozialismus mit dem Christlich-Mythisch-Häretischen zu vermählen suchte, darin etwas Neues und zugleich kulturell Verbindliches herzustellen: Denn gerade dort wähnte sie, eine eschatologische und zugleich soziale Lösung für unsere existenziellen Probleme in der Gesellschaft und im Universum zu finden. Doch im Gegensatz zu Spekulationen über den Transhumanismus oder eine gentechnische Cyborg-Revolution, die dem Menschen in der Zukunft ein langes und sorgenfreies Leben ermöglichen können sollen, dachte Simone Weil über die Existenz der Seele und damit über die Unsterblichkeit und Ewigkeit nach, in der sie nach einem Platz für den Menschen suchte. Die Verwurzelung und Verortung waren ihre Themen: In der Entwurzelung der Arbeiter, im Verlust der Traditionen, Bräuche, Gewohnheiten, Lebensweisen durch die zunehmende Herrschaft des Geldes sah sie die Ursache für Lethargie, Betäubung und Ohnmacht, wobei sie diese Entwurzelung auch für die bürgerliche Schicht diagnostizierte, denn der »Reichtum« sei »kosmopolitisch«, nicht regional und lokal gebunden; er entwurzelt die Menschen.

Eine Zukunft, in der wir mithilfe der Technologie, der Gentechnik und der künstlichen Intelligenz dem Menschen sogar eine Art ewiges Leben in der Materie ermöglichen könnten, hielt sie nicht für erstrebenswert – in der Welt der »Schwerkraft« könne es nur Leid und Tod geben. Doch genau von solch einer in der Materie, auf der Erde, verankerten Welt, in der naturwissenschaftliche Utopien realisiert werden würden, um dem Menschen ein sorgenfreies Leben in einem perfekten Körper zu schenken, schreiben und träumen viele Menschen. Man darf es ihnen nicht übel nehmen, man kann allerhöchstens die Propheten solcher Visionen kritisieren, obwohl sie dabei durchaus positive Zukünfte für die Menschheit auszumalen suchen – ihre Perspektive ist jedoch absolut positivistisch, einzig von der Naturwissenschaft ausgehend, also viel zu einseitig. Positivistisch meint hier natürlich: Die Materie erlebt eine Evolution, das Leben kriecht aus dem Ozean heraus und wird nach Millionen von Jahren, für uns eine Ewigkeit, zu intelligentem Leben. Der Affe kratzt sich nicht mehr am Hintern, zeigt sich nicht nur als ein soziales Wesen, da er den Bart seines Artgenossen von Ungeziefer säubert – er nimmt irgendwann ein Werkzeug in die Hand, einen Stein, und fängt an, seine Umwelt zu beherrschen. Der Mensch im Holozän erscheint. Diese evolutionäre Betrachtung des Menschen wird dem Menschen nicht gerecht, sondern ist nur eine Betrachtungsweise.

Jedenfalls war für Weil der Ursprung des Menschen ein Ursprung im Geist, im Seelenreich, in der Wüste des abwesenden Gottes, der nichts gemein hatte mit demjenigen, der im Vatikan thronte und Seelen versklavte und im Namen der Macht weltlich regierte. Hier muss man einige Sätze aus ihrem Klassiker, der Sammlung *Schwerkraft und Gnade* von 1947, zitieren, die zeigen, was sie an Religionen dialektisch auszusetzen hatte: »Insoweit als die Religion ein Quell des Trostes ist, ist sie ein Hindernis für den wahren Glauben: in diesem Sinne ist der Atheismus eine Läuterung. Ich soll Atheist sein mit dem Teil meiner selbst, der nicht für Gott gemacht ist. Unter den Menschen, bei denen der übernatürliche Teil ihrer selbst nicht erweckt ist, haben die Atheisten recht, und die Gläubigen haben unrecht.«

Glaube kann nicht erzwungen werden, weder durch die historisch und familiär bedingte Zugehörigkeit zu einer Konfession noch durch Tradition und Dogmen – genauso wenig wie der Unglaube, die Apostasie, einem Gläubigen aufgezwungen werden kann. Weil liebte aber die Spiegelungen und den Widerspruch, weil sie auf diese Art Verlogenheit und Heuchelei besser aufdecken konnte. Ein Atheist kann mehr Glaubwürdiges und sogar Erbauendes über Gott sagen als jemand, der im Auge des Orkans steckt, weil er zum Beispiel Priester ist. Außerdem muss man – was bei Weil Läuterung meint – manchmal alles ablegen und nackt dastehen, um überhaupt wieder fähig zu sein, die Dinge – von ihren Schleiern und ihrem Schmuck befreit – in aller Deutlichkeit zu sehen.

Doch Weil steigt noch tiefer ein, und ähnlich wie Bergson knöpft sie sich die Überbetonung des Rationalen, des Weltlichen, des Ontischen, des Säkularen vor; sie benennt die Ursachen klar und deutlich, die für die Apostasie verantwortlich sind: »Die Irrtümer unseres Zeitalters sind ein Christentum ohne Übernatur. Ursache ist der Laizismus – und zuvor der Humanismus.«[32] Damit will sie sagen, dass sich Seele, Gott, mystische Erfahrungen der gängigen Deutung durch die Wissenschaft entziehen: Das Transzendente tritt ein, also etwas, das wir erahnen, das wir aber nur ungenügend beschreiben können, als der Gefangene der »Schwerkraft«. Gerade dies ist es, was der Linken wieder auf die Sprünge helfen würde: Der Mut zum unkonventionellen und intuitiven Denken, das normalerweise durch Eingebung oder singuläres Talent möglich wird, auch durch Zufall – oder all die drei genannten Komponenten, die zusammen in einem Moment auftreten. Aber diesen Mut zum Häretischen und Undenkbaren muss die Linke erst wiederbeleben.

Es sollte also niemanden wundern, dass Weil den Marxismus, »das Himmelsreich auf Erden« (Dostojewski), scharf kritisiert hat – auf der einen Seite; auf der anderen hatte sie in ihm genauso wie in der Religion nach Wahrheiten und positiven Momenten gesucht. In *Über die Ursachen von Freiheit und gesellschaftlicher Unterdrückung* von 1934 schreibt Weil: »Der Aufstieg der großen Industrie hat die Produktivkräfte zu einer Religion gemacht, der Marx bei der Entwicklung seiner Geschichtsauffassung unfreiwillig erlag. Der Begriff

Religion mag überraschen, wenn es um Marx geht; aber zu glauben, dass unser Wille mit einem geheimnisvollen Willen konvergiert, der in der Welt am Werk sein soll und uns zum Sieg verhilft, bedeutet, religiös zu denken, an die Vorsehung zu glauben.«

Was Weil hier im negativen Sinn religiös nennt, ist der Glaube an einen vorhersehbaren Verlauf der Dinge, *an eine übernatürliche Kraft im Rücken, die meint, das Schicksal zu beherrschen*, die Geschichte. Solch ein Glaube an einen irgendwie natürlich verlaufenden Prozess macht die Menschen – so heißt es weiter – »zum bloßen Werkzeug der Vorsehung, [...] stellt den Menschen in den Dienst des historischen Fortschritts, nämlich des Fortschritts der Produktion«[33].

Eine gefährliche Mission, von der hier die Rede ist, da sie den Menschen in den Dienst der Religion beziehungsweise des Sozialismus stellt, wodurch er zum Rohmaterial der Geschichte wird, und das alles nur deshalb, weil sich seine Bestimmung erfüllen soll, und zwar nicht im Namen des Guten oder der Gleichheit und Freiheit, sondern im Namen einer höheren Idee, die der Herrschaft und Beherrschung. Und das führt zur Vernichtung und zu Verbrechen, die auch in all den Jahrhunderten geschahen: während der Inquisition oder des Stalinismus. In dieser Hinsicht zeigt sich der Marxismus – indem er den Menschen einem selbstverständlichen, nicht aufzuhaltenden Prozess einverleibt – dem Kapitalismus nicht unähnlich: »Er [Marx] stimmte dadurch zutiefst mit der allgemeinen Tendenz des kapitalistischen Denkens überein; das Fortschrittsprinzip vom Geist auf die Dinge zu übertragen, bedeutet, jener ›Umkehrung des Verhältnisses von Subjekt und Objekt‹, in der Marx das eigentliche Wesen des Kapitalismus sah, einen philosophischen Ausdruck zu geben.«[34]

All das schreibt Simone Weil Anfang der Dreißigerjahre! Übersetzt könnte es heißen: Ein Darwinist und Atheist erschafft eine neue Religion, einen »neuen Glauben«, wie es in der stalinistischen Volksrepublik Polen und unter polnischen Intellektuellen im Exil hieß, und vielleicht ist es nun ganz konsequent von Weil, dass sie das bereits erwähnte Pamphlet gegen alle politischen Parteien schrieb. In diesem Essay verteidigt sie wieder das Individuum und die Freiheit, während das Kollektive der Parteien – egal, ob in einer Demokratie oder in einer Diktatur wie der Jakobinischen zum Beispiel – als erstickend und bremsend empfunden und beschrieben wird. Sie bezeichnet die Parteien als »Maschinen zur Fabrikation kollektiver Leidenschaft«. Was sie am meisten jedoch erschreckt, ist, dass der »Parteigeist« blind mache und zu Ungerechtigkeiten führe, sodass Unschuldige leiden müssten.

Dieses Beharren auf dem Individuellen und die Verweigerung des Allgemeinen sind es, die ein utopisches Denken ermöglichen, wie ich es verstehe: Utopie verstanden als genaue Betrachtung des Ist-Zustandes, die trotzdem das wirklich Andere zu denken imstande ist. Solch ein Denken muss die Gegenwart in kühlen, genauen Blick nehmen und zur selben Zeit in der Lage sein, den dialektischen Sprung ins Ungewisse zu wagen.

Jede Frage muss also immer erneut gefragt und kritisch betrachtet werden, nur so ist es möglich, dass wirklich Neues gedacht wird. Nichts anderes tat Simone Weil. In ihrem Anzweifeln und Kritisieren der Wirklichkeit war sie dialektisch, links, aber in ihrem Suchen nach dem wahren Christus-Bewusstsein, also nach dem Geist, der Ursache des Ganzen, war sie mystisch-häretisch: ja, utopisch.

Ganz im Sinne meines Ansatzes möchte ich mein Buch für eine neue linke Utopie mit einem *Kritiker* des Utopischen beenden: mit Nikolai Berdjajew. Berdjajew hatte als Philosoph ein fleißiges und intellektuell aufregendes Leben, von 1874 bis 1948. Er wurde zum Religionsphilosophen, der zunächst im Berliner und später im Pariser Exil gelebt und geschrieben hat. Man kennt natürlich das Motto in Aldous Huxleys Roman *Schöne neue Welt*, das auf Berdjajew zurückgeht, ich will es hier zitieren[35]: »Aber es hat sich als viel leichter erwiesen, diese Utopien zu verwirklichen, als es früher den Anschein hatte. Und nun sieht man sich vor die andere quälende Frage gestellt: wie man um ihre restlose Verwirklichung herumkommen könnte. (...) Das Leben bewegt sich auf die Utopien zu, und vielleicht eröffnet sich für die Intelligenz und die Kulturschicht ein neues Jahrhundert des Sinnens und Träumens darüber, wie man die Utopien wohl vermeiden, wie man zum nichtutopischen, unvollkommeneren und freieren Staat zurückkehren könne.«

Berdjajews Angst vor der realisierten Utopie ist natürlich vollkommen nachvollziehbar. Er hatte ja als Zeitzeuge gesehen, was die Bolschewiken unter der Ägide Lenis aus der Hegelschen und Marx'schen Philosophie fabriziert haben: einen totalitären Staat, der sich der Weltgeschichte nur deshalb so selbstbewusst bediente, weil nur die Partei und eine einzige Wahrheit führend sein durften. Man müsste hier sagen: vulgarisierter Materialismus hoch zehn. Huxley bietet uns in seinem Roman selbstverständlich eine Dystopie an, aber eine Welt zugleich, die sich heute mehr und mehr zu verwirklichen scheint ... Sie schleicht sich nicht mehr heimlich ein, und da wir so beschäftigt sind mit dem Konsumieren und der Angst vor unserer Zukunft in einer düsteren und zerstörten Umwelt merken wir selten, wo die eigentlichen, die entscheidenden Kämpfe ausgetragen werden. Als Berdjajew sein Buch *Wahrheit und Lüge des Kommunismus* schrieb, wohl Ende der Zwanzigerjahre, waren die Grenzen noch viel klarer und erfassbarer gewesen, während es in unserer Zeit zu einer merkwürdigen Austauschbarkeit von Zeiten und Epochen gekommen ist, der wir selbst kaum folgen können. Es ist alles möglich: eine doch wunderbare Zukunft und zugleich eine Rückkehr zu Barbarei oder Mittelmäßigkeit. Wir sollten endlich ehrlich sein; wir sind zwar stolz auf die Renaissance oder die Aufklärung, aber wir haben – leider – als »Normalsterbliche« unter den Herrschenden sehr gelitten, und zwar über viele Jahrhunderte, die mörderisch waren: Erst die Französische Revolution bringt wirklich einen Schwung in die ganze Sache, und das 19. Jahrhundert strotzt nur so vor Ideen und tabubrechenden Gedanken, sodass die Moderne, wenn auch tollpatschig, ihre ersten Schritte machen kann. Warum gerade hier, zu diesem Zeitpunkt? Nun ja, natürlich deshalb, weil hier wirklich der Versuch stattfand, etwas Neues zu denken, alles umzustürzen, einen neuen Anfang zu machen: im Namen der Freiheit und Gleichheit.

Gleichzeitig aber möchte ich – deshalb beginne ich mit Berdjajew – nicht den Eindruck erwecken, Utopie sei immer erstrebenswert, egal, was sie eigentlich erträumte, oder werde immer zum Erfolg führen, da sie die ermüdende Wirklichkeit begraben könne und endlich etwas Neues, Erfrischendes kommen werde. Nein, eine Utopie ist gut, aber nicht um jeden Preis, denn sie soll zur Besserung eines vertrackten Zustands beitragen, und genau in diesem Punkt wird es gefährlich, genau hier liegt der Hund begraben. Warum? In der Tat kann eine Utopie manchmal sogar gefährlicher werden als der Status quo, zumindest zu Anfang, und nur das wollten Huxley und Berdjajew konkret zu bedenken geben. Und obwohl Huxleys Roman im 20. Jahrhundert zu den wichtigsten der englischsprachigen Literatur gehört, wird er auch scharf kritisiert – so zum Beispiel von Miłosz, denn er habe eine bittere und dunkle Vision zu bieten, die der Dystopie, sprich, der gescheiterten Utopie, aber der der erfolgreichen Versklavung der Menschheit in der Lüge und mithilfe der Technologie. Doch

Huxleys Roman ist für mich dennoch wichtig, und zwar deshalb, weil er uns eine Warnung ist; eine Warnung vor dem angeblich Unvermeidlichen. Eine Utopie hasst nichts mehr als Unvermeidlichkeiten. Hätte das Lenin gewusst, wäre sein bolschewistisches Kartenhaus im Nu zusammengefallen, und zwar noch am Vorabend der Revolution. Berdjajew schreibt dazu in seinem Buch *Wahrheit und Lüge des Kommunismus*: »Entgegen einer dialektischen Grundhaltung beharrt aber der Leninismus in einer restlosen und bösartigen Leugnung der Geschichte des Denkens. Die dialektische Entwicklung setzt voraus, dass die Vergangenheit in die Zukunft hinübergeleitet wird und dass sich These und Antithese in der Synthese wiederfinden. Für den Leninismus beginnt aber die Geschichte mit ihm selbst, was einen Verstoß gegen die dialektische Haltung bedeutet.«

Im Prinzip eine geniale Passage über den Leninismus und seine stiefmütterliche Behandlung des Hegelianismus und Marxismus. Aber Berdjajew geht es um viel mehr. Die contradictio in adjecto – diesen Konflikt kennen wir schon von der Frankfurter Schule. Und auch von Lukács. Hier geht es allerdings um Russland. Ich lache ja beständig und herzlich darüber, wie der Westen Putin darauf reduziert, er wolle ja das sowjetische Imperium wiederherstellen – nein, das ist im Kontext Russlands, seiner ganzen Kulturgeschichte, viel zu kurz gesagt, zu schnell gedacht. Russland hat sich nach wie vor des Messianismus nicht entledigt, egal, unter welchem Deckmantel Putin hier auftritt, in welcher Verkleidung: Er will, beeinflusst durch die *Russkaja ideja (die russische Idee)* und durch russischen Nationalismus und Messianismus, ein hegemonialhybrides Monster – ein zaristisch-sowjetisches Imperium – erschaffen.[36]

Der Messianismus und der Kommunismus aber sind Geschwister. Wie recht hatte Kołakowski, als er schrieb, dass die Linke der Neigung zum Moralisieren erliege, was eine Art Überbleibsel ist aus der revolutionären, reaktionären Zeit, in der die Bolschewiki an die Macht drangen, kurz gesagt. Berdjajew ist in seinem Buch noch deutlicher als Kołakowski oder Weil, was die Kritik an der Hochzeit zwischen dem Messianismus und Kommunismus angeht. Er schreibt: »Die marxistische Lehre vom Zusammenbruch der kapitalistischen Gesellschaft ist der Glaube an das nahende Jüngste Gericht: die Zeiten werden erfüllt, das zeitliche Geschehen vom Überzeitlichen durchbrochen. Das eschatologische Element durchdringt die kommunistische Weltanschauung (...). Der Marxismus ist nicht imstande, diese Idee in seiner oberflächlichen materialistischen Terminologie zum Ausdruck zu bringen; unterirdisch lebt und arbeitet aber in ihm diese Idee und wird zur Quelle seiner Kraft.« Berdjajew beschreibt die ungeheure Kraft, die in dem Messianismus steckt und die im Marxismus aufblüht; spürt man sie – und als gläubiger Kommunist ist man doch auf der Seite der ›Guten‹ –, wird man zu allem fähig sein, auch zum Äußersten, wie man es an den Stalinisten und auch schon den Leninisten gesehen hat.

Faszinierend ist jedoch die Kombination der russischen Seele mit dem Kommunismus. Übrigens, das hybride Wesen faszinierte auch die Deutschen, die leicht die Neigung zeigen, die Westslawen zu übergehen und sich vollends auf Russland zu konzentrieren und zu stürzen, wovon auch das Nord-Stream-2-Projekt zeugte, politisch-ökonomisch. So ging die deutsche Sozialdemokratie eben ihre eigenen Wege und betrachtete die Freiheitsbestrebungen im sozialistischen Polen, als es 1980 zu den Streiks kam und die *Solidarność* gegründet wurde, mit Distanz.

Die Geschichte des 20. Jahrhunderts hat uns jedoch gelehrt: Kollateralschäden sind vorprogrammiert, deshalb fiel es auch England und selbst Churchill, der ja bekanntermaßen kein Freund der Sowjetunion und Stalins war, letztendlich leicht, das Massaker von Katyn und die Wahrheit über die Täter unter den Teppich zu kehren, um Stalin nicht zu verärgern und damit einen wichtigen Verbündeten gegen die Nazis zu verlieren; schließlich gab man Polens Freiheit in Jalta gänzlich auf. Deshalb: Aufgrund dieser schmerzlichen Erfahrungen des 20. Jahrhunderts, bekamen England und Deutschland nach 1989 auch eine neue Chance, die Geschichte zu überprüfen und für die Zukunft neue Schlüsse zu ziehen. Russland tat das aber gar nicht, da Putin ein messianisch-manichäischer Charakter ist, dem die Prophezeiungen Solowjows über den Antichristen namens ›Vereinigte Staaten von Europa‹ viel näher sein dürften als die eloquenten Prognosen eines Piketty.

Im 19. Jahrhundert bringt Russland solche Geister hervor, die den Boden für die Revolution der Bolschewiki erfolgreich vorbereitet hatten, eben durchaus im Kontext des Messianismus. Zum einen, was auch Berdjajew in seinem Buch beschreibt, tauchen starke nihilistische und anarchistische Ideen auf, zum anderen blüht die Idee der messianischen Erlösung durch das russische Volk, wobei man hier insbesondere Dostojewski erwähnen muss, schaute er doch den Sozialismus kritisch-sarkastisch an. Vielleicht versteht man aus dieser Perspektive des Blicks auf die russische Kulturgeschichte und Mentalität besser, warum in Dostojewskis Romanen die Figuren immer wieder bestimmte politische, philosophische und religiöse Haltungen repräsentieren. Iwan aus dem Roman *Die Brüder Karamasow* nimmt in gewisser Hinsicht die bolschewistische Revolution wie auch den Existentialismus vorweg – sein Bewusstsein und sein Geist spiegeln ja all die atheistischen, zur Apostasie führenden Prozesse wider, die im Bolschewismus und Existenzialismus kulminieren.

Bei Berdjajew heißt es: »Mit seinem tiefen Blick hat Dostojewski erkannt, dass der russische Sozialismus keine politische, sondern eine *religiöse* Frage ist, eine Frage nach Gott, nach Unsterblichkeit, nach einer radikalen Umgestaltung des gesamten menschlichen Lebens. Der Sozialismus war im 19. Jahrhundert das herrschende Glaubensbekenntnis des größten Teils der russischen Intelligenz, durch das alle sittlichen Werturteile bestimmt waren.« Dazu muss man sagen, dass Dostojewski, der in seinen Romanen viele Probleme der Theodizee und Freiheit an seinen Figuren abarbeitet, an eine Mission Russlands geglaubt hat; seine Vorstellung von Utopie geht in die Richtung des Messianismus und russischen Nationalismus, wobei Russland als Retter Europas und der Welt erscheint, da es geistig und eschatologisch eine besondere Aufgabe zu erfüllen habe.

Politische Utopien – welches Szenario kommt auf uns zu? Das aus dem Roman *1984* von Georg Orwell oder eher aus *Schöne neue Welt*? Eine Mischung aus beidem ist möglich, aber es ist auch möglich, dass weder das eine noch das andere Szenario die Weltbühne betreten wird. Fakt ist nur, dass wir in Zeiten leben, in denen die Regierenden dem gemeinen Menschen Angst machen, obwohl sie behaupten, im Sinne der Verbesserung seiner Lage zu handeln (die Corona-Pandemie oder der Klimawandel wären hier nur zwei Beispiele), und Aufopferung und Durchhaltevermögen seien nötig, hören wir immer öfter. Fakt ist auch, dass wir mit unserem Latein am Ende sind und in der Tat neue Lösungen brauchen, und zwar schnell.

Wir brauchen dringend eine vereinigte Linke, die ihre Kräfte nutzt, um eine echte, große Utopie zu erkämpfen. Als Gegengewicht zu einer Politik, die jedem Menschen sein Schicksal in die Hände legt, in der jeder ›seines Glückes Schmied‹ ist und an seinem Unglück selber schuld, muss sie für eine Gesellschaft eintreten, die für Teilhabe und Chancengleichheit sorgt, die niemanden ausschließt oder anfeindet. Eine solche Politik aller Bürger muss die Dialektik nutzen, denn all die verschiedenen Stimmen, die hier zu ihrem Recht kommen sollen, müssen gehört und diskutiert, müssen abgewogen und miteinander ins Gespräch gebracht werden.

›Utopisten aller Länder! Vereinigt euch!‹, müsste der Aufruf heute lauten. Doch er klingt in meinen Ohren zu pathetisch. Wichtig ist nur eines: Dass wir uns eine Zukunft ›ausmalen‹, die nicht von unseren verborgenen Ängsten geformt wird, sondern von der unsterblichen, unerschöpflichen Imagination, von unserer menschlichen Vorstellungskraft, die in der poetischen Symbolik William Blakes *Urthona* heißt.

Hotel Lindley, Frankfurt am Main
Januar 2021 bis Januar 2022

Anmerkungen

1. Leszek Kołakowski in *Der Mensch ohne Alternative. Von der Möglichkeit und Unmöglichkeit, Marxist zu sein.*
2. Poln. Dichter und Essayist, geb. 1911 in Litauen, gest. 2004 in Krakau. Er lebte lange im Exil, zunächst in Frankreich, dann in Kalifornien. 1980 erhielt er den Nobelpreis für Literatur. Er gilt als einer der wichtigsten Dichter des 20. Jahrhunderts.
3. Antonio Gramsci in *Utopie (Zu Politik, Geschichte und Kultur).*
4. Didier Eribon in einem Interview für die polnische Tageszeitung *Gazeta Wyborcza* vom 1. Januar 2021. Übers. d. Aut.
5. Sigmund Freud in *Das Unbehagen in der Kultur.*
6. Zygmunt Bauman in *Leben in der Flüchtigen Moderne.*
7. Louis Bonapartes in *Der achtzehnte Brumaire des Louis Bonaparte* von 1851.
8. Theodor W. Adorno in *Negative Dialektik.*
9. Leszek Kołakowski in *Der Mensch ohne Alternative.*
10. Sven Felix Kellerhoff in seinem Jubiläumsartikel zum 200. Geburtstag von Marx in *Die Welt* vom 01.05.2018
11. Helga Grebing in *Arbeiterbewegung und Gewalt (Gewerkschaftliche Monatshefte 2'78).*
12. Georg Lukács in *Der Bolschewismus als moralisches Problem.*
13. Georg Lukács in *Der Bolschewismus als moralisches Problem (Ästhetik, Marxismus, Ontologie).*
14. Helga Grebing in *Arbeiterbewegung und Gewalt (Gewerkschaftliche Monatshefte 2'78).*
15. Karl Marx in *Rede über den Haager Kongreß* (*MEW*, Bd. 18).
16. Andreas Droschl in seiner Rezension von 2008 in der *Süddeutschen Zeitung.*
17. Übers. d. Aut.
18. Leszek Kołakowski in *Henri Bergson. Ein Dichterphilosoph.*
19. Czesław Miłosz in *Eoconomia divina*, Ü. d. Aut.

20. Das zitierte Kapitel ist unter dem Stichworttitel *Funktion des Existenz-begriffs* in *Negative Dialektik* zu finden.

21. Theodor W. Adorno in *Negative Dialektik*.

22. Theodor W. Adorno in *Negative Dialektik*.

23. Theodor W. Adorno in *Negative Dialektik*.

24. Autor der Kommunikationstheorie und des Klassikers *Der Parasit* (1980).

25. In ihrem Vortrag auf der Paul-Tillich-Tagung im April 2021.

26. In der Übersetzung von Nora Wydenbruck.

27. Neben Chantal Mouffe sieht auch die Schweizer Philosophin Katja Gentinetta, die sich vor allem mit politischer Philosophie beschäftigt, im Populismus durchaus eine nützliche Kraft in der Gesellschaft.

28. Die Rede wurde in der *FAZ* abgedruckt.

29. Übers. d. Aut.

30. Leszek Kołakowski in *Der Mensch ohne Alternative. Von der Möglich-keit und Unmöglichkeit, Marxist zu sein*.

31. Walter Benjamin in seinem Aufsatz *Über einige Motive bei Baudelaire (Zeitschrift für Sozialforschung 1'8)*.

32. Simone Weil in *Schwerkraft und Gnade*.

33. Simone Weil in *Über die Ursachen von Freiheit und gesellschaftlicher Unterdrückung*.

34. Simone Weil in *Über die Ursachen von Freiheit und gesellschaftlicher Unterdrückung*.

35. Zitiert aus der deutschen Ausgabe des Romans von 1950, damals in Tübingen bei Otto Reichl.

36. Mehr dazu in meinem Essay *Was Putin gerne liest und zitiert* in der *Frankfurter Rundschau* vom 10. März 2022.

BIBLIOGRAFIE

Theodor W. Adorno: *Negative Dialektik. Jargon der Eigentlichkeit.* Suhr-kamp. Frankfurt/Main 2020.

Theodor W. Adorno: *Minima Moralia. Reflexionen aus dem beschädigten Leben.* Suhrkamp. Frankfurt/Main 2012.

Theodor W. Adorno: *Aspekte des neuen Rechtsradikalismus.* Suhrkamp. Frankfurt/Main 2019.

Theodor W. Adorno/Max Horkheimer: *Dialektik der Aufklärung. Philoso-phische Fragmente.* Suhrkamp. Frankfurt/Main 2013.

Hannah Arendt: *Verstehen und Politik.* Übersetzung von Understanding and Politics, in: Partisan Review 20, Heft 4, 1953, S. 377–392.

Zygmunt Bauman: *Leben in der Flüchtigen Moderne.* Suhrkamp. Frank-furt/Main 2007.

Walter Benjamin: *Zur Kritik der Gewalt und andere Aufsätze. Mit einem Nachwort von Herbert Marcuse.* Suhrkamp. Frankfurt/Main 1999.

Nikolai Berdjajew: *Wahrheit und Lüge des Kommunismus.* Holle Verlag. Ba-den-Baden 1957.

Ernst Bloch: *Das Prinzip Hoffnung. 3 Bände.* Suhrkamp. Frankfurt/Main 1985.

Ernst Bloch: *Geist der Utopie. Zweite Fassung.* Suhrkamp. Frankfurt/Main 1964.

T. S. Eliot: *Gesammelte Gedichte.* Suhrkamp. Frankfurt/Main 1988.

Didier Eribon: *Rückkehr nach Reims.* Suhrkamp. Frankfurt/Main 2016.

Michel Foucault: *Was ist Aufklärung?* In: Ethos der Moderne. Foucaults Kritik der Aufklärung. Eva Erdmann u. a. (Hrsg.). Campus. Frank-furt/Main u. a. 1990.

Sigmund Freud: *Das Unbehagen in der Kultur.* Reclam. Leipzig 2010.

Francis Fukuyama: *Identität. Wie der Verlust der Würde unsere Demokratie gefährdet.* Hoffmann und Campe. Hamburg 2019.

Antonio Gramsci: *Zu Politik, Geschichte und Kultur.* Reclam. Leipzig 1980.

Helga Grebing: *Arbeiterbewegung und Gewalt*, in *Zeitschrift für Sozialfor-schung/1'8.*

Michel Houellebecq: *Ein bisschen schlechter.* Dumont. Köln 2020.

Leszek Kołakowski: *Henri Bergson. Ein Dichterphilosoph.* Piper. München/Zürich 1985.

Leszek Kołakowski: *Der Mensch ohne Alternative. Von der Möglichkeit und Unmöglichkeit, Marxist zu sein.* Piper. München/Zürich 1984.

Georg Lukács: *Geschichte und Klassenbewusstsein.* Aisthesis. Bielefeld 2013.

Georg Lukács: *Ästhetik, Marxismus, Ontologie.* Ausgewählte Texte. Rüdiger Dannemann und Axel Honneth (Hrsg.). Berlin 2021.

Karl Mannheim: *Ideologie und Utopie.* Klostermann Rote Reihe. Frankfurt/Main 2015.

Karl Marx: *Der achtzehnte Brumaire des Louis Bonaparte.* Suhrkamp. Frankfurt/Main 2007.

Karl Marx: *Manifest der Kommunistischen Partei*, in *MEW*, Bd. 4. Dietz Verlag. Berlin 1974.

Karl Marx: *Rede über den Haager Kongreß*, in *MEW*, Bd. 18. Dietz Verlag. Berlin 1976.

Czesław Miłosz: *Verführtes Denken.* Suhrkamp. Frankfurt/Main 1974.

Czesław Miłosz: *Wiersze wszystkie. Wydanie uzupełnione.* Znak. Kraków 2021.

Chantal Mouffe: *Für einen linken Populismus.* Suhrkamp. Frankfurt/Main 2018.

Pier Paolo Pasolini: *Freibeuterschriften. Die Zerstörung der Kultur des Einzelnen durch die Konsumgesellschaft.* Peter Kammerer (Hrsg.). Verlag Klas Wagenbach. Berlin 1998.

Jason Stanley: *How Fascism Works: The Politics of Us and Them.* Random House. 2018.

Simone Weil: *Schwerkraft und Gnade.* Charlotte Bohn (Hrsg.). Matthes & Seitz. Berlin 2021.

Simone Weil: *Anmerkung zur generellen Abschaffung der politischen Parteien.* Diaphanes. Zürich-Berlin 2009.

Simone Weil: *Über die Ursachen von Freiheit und gesellschaftlicher Unterdrückung.* Diaphanes. Zürich-Berlin 2012/2021.

Simone Weil: *Die Verwurzelung. Vorspiel zu einer Erklärung der Pflichten dem Menschen gegenüber.* Diaphanes. Zürich 2011.

Oscar Wilde: *Der Sozialismus und die Seele des Menschen.* Holzinger. Berlin 2016.

Slavoj Žižek: *Ein Linker wagt sich aus der Deckung für einen neuen Kommunismus.* Ullstein. 2021 Berlin.

Slavoj Žižek: *Die bösen Geister des himmlischen Bereichs. Der linke Kampf um das 21. Jahrhundert.* S. Fischer. Frankfurt/Main 2011.

Artur Becker, geb. 1968 in Bartoszyce (Polen), lebt seit 1985 in Deutschland, zurzeit als Artist in Residence im Hotel Lindley in Frankfurt am Main. Er ist Lyriker, Essayist, Romancier, Publizist und Übersetzer und debütierte 1984 mit Gedichten in der *Gazeta Olsztyńska*. Seit 1989 schreibt er auf Deutsch. 1997 erschien sein erster Roman »Der Dadajsee«, 1998 sein erster Gedichtband »Der Gesang aus dem Zauberbottich«. Mittlerweile hat er mehr als 20 Bücher veröffentlicht, u. a. die Romane »Wodka und Messer. Lied vom Ertrinken« (2008), »Der Lippenstift meiner Mutter« (2010) und »Drang nach Osten« (2019). Er schreibt für die *Frankfurter Rundschau*, die *Neue Zürcher Zeitung* und *Rzeczpospolita*. Becker wurde mit dem Chamisso-Preis (2009) sowie dem Dialog-Preis (2012) ausgezeichnet und hielt 2020 die Dresdner Chamisso-Poetikdozentur. Mehr Infos: www.arturbecker.de

© Alex Cio

Artur Becker, geb. 1968 in Bartoszyce (Polen), lebt seit 1985 in Deutschland, zurzeit als Artist in Residence im Hotel Lindley in Frankfurt am Main. Er ist Lyriker, Essayist, Romancier, Publizist und Übersetzer und debütierte 1984 mit Gedichten in der *Gazeta Olsztyńska*. Seit 1989 schreibt er auf Deutsch. 1997 erschien sein erster Roman »Der Dadajsee«, 1998 sein erster Gedichtband »Der Gesang aus dem Zauberbottich«. Mittlerweile hat er mehr als 20 Bücher veröffentlicht, u. a. die Romane »Wodka und Messer. Lied vom Ertrinken« (2008), »Der Lippenstift meiner Mutter« (2010) und »Drang nach Osten« (2019). Er schreibt für die *Frankfurter Rundschau*, die *Neue Zürcher Zeitung* und *Rzeczpospolita*. Becker wurde mit dem Chamisso-Preis (2009) sowie dem Dialog-Preis (2012) ausgezeichnet und hielt 2020 die Dresdner Chamisso-Poetikdozentur.
Mehr Infos:
www.arturbecker.de

© Alex Cio